I0503746

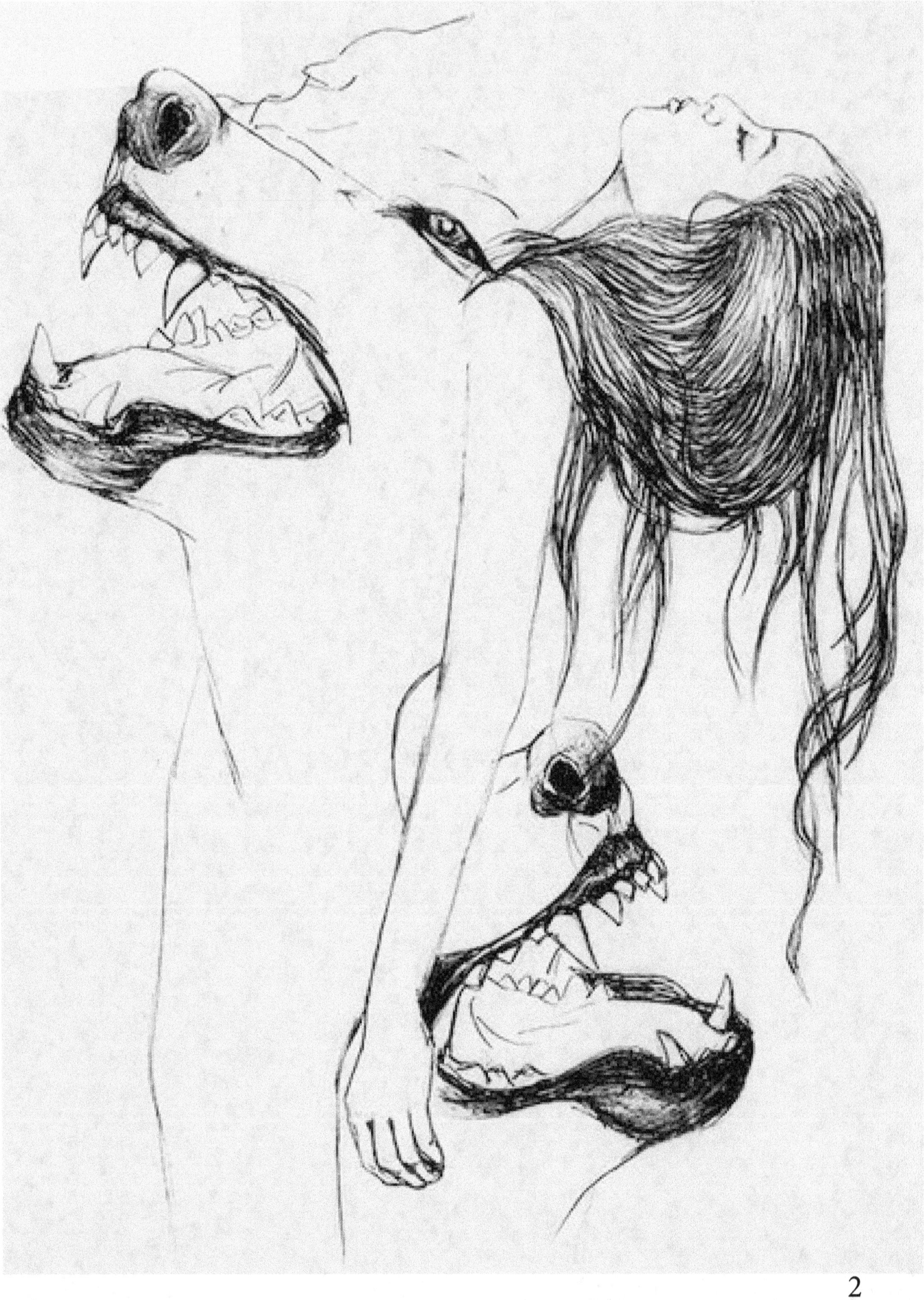

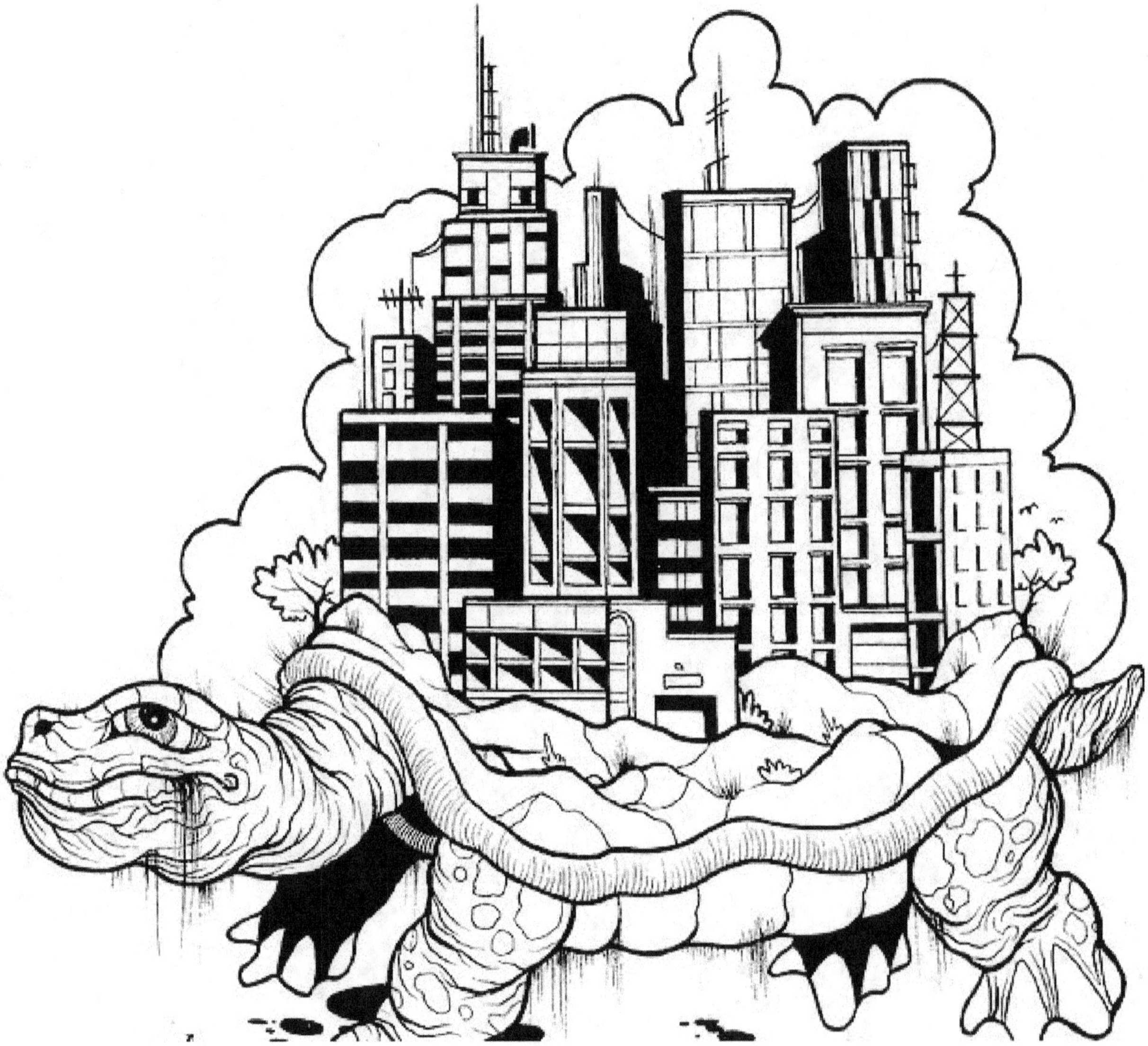

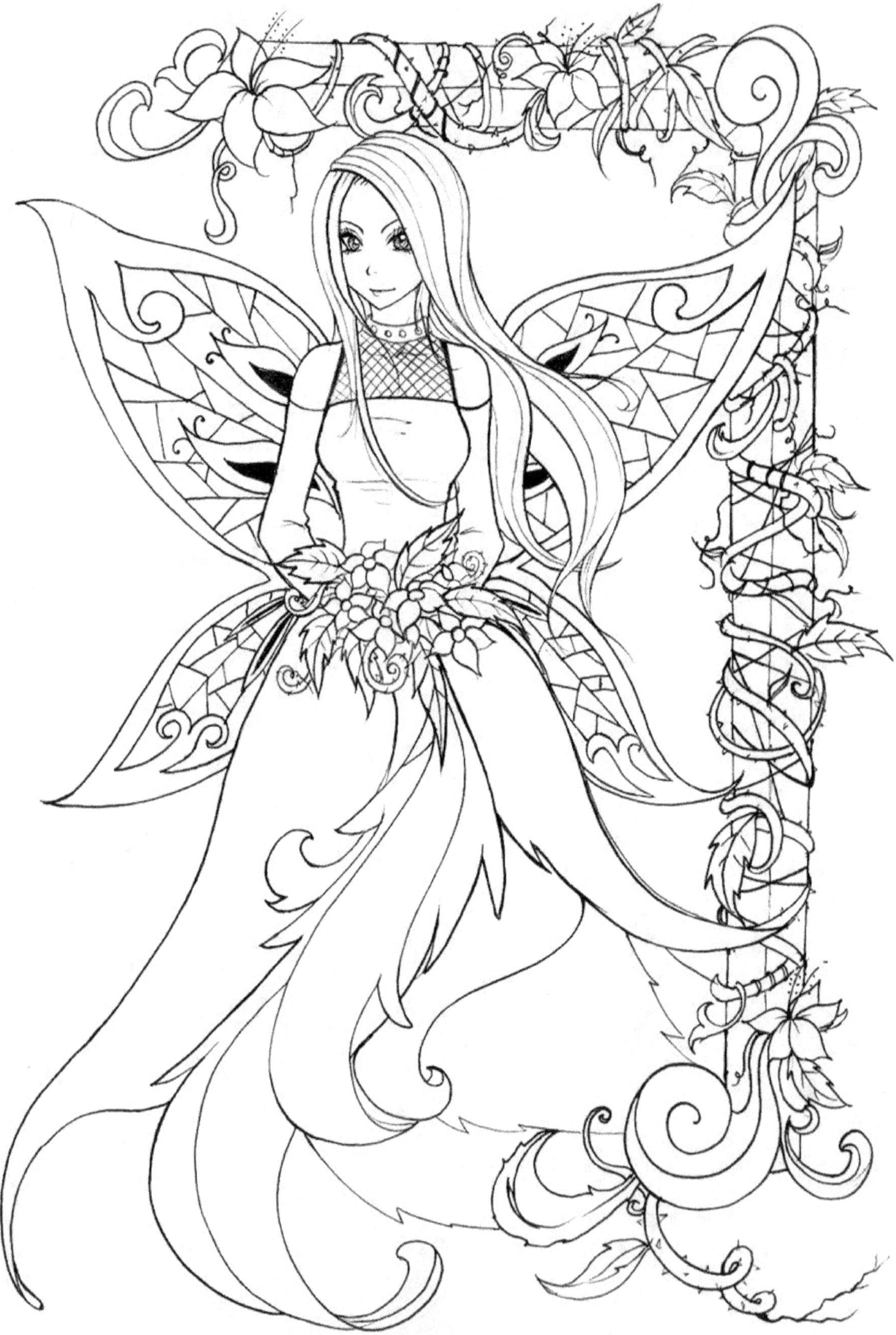

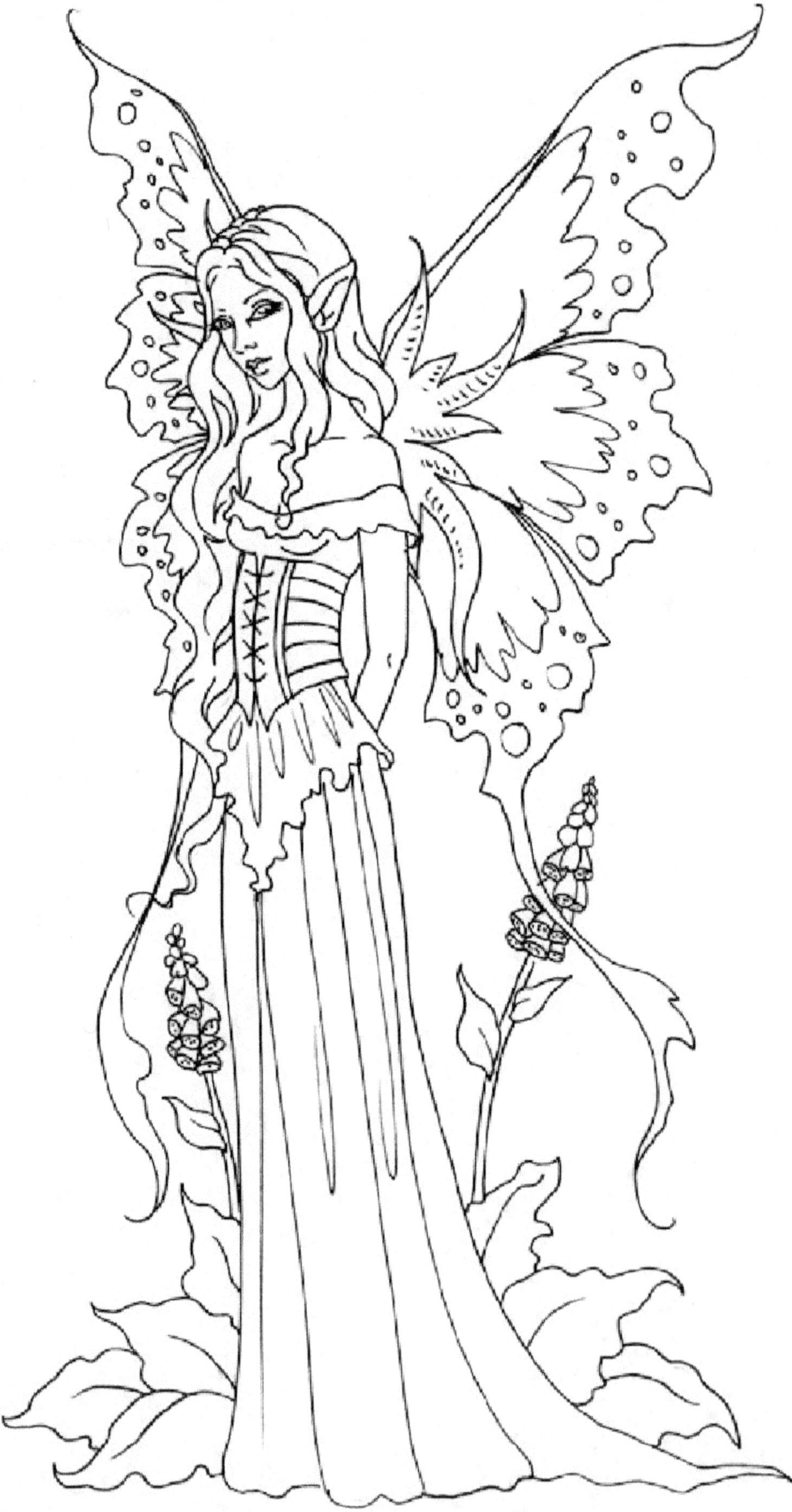

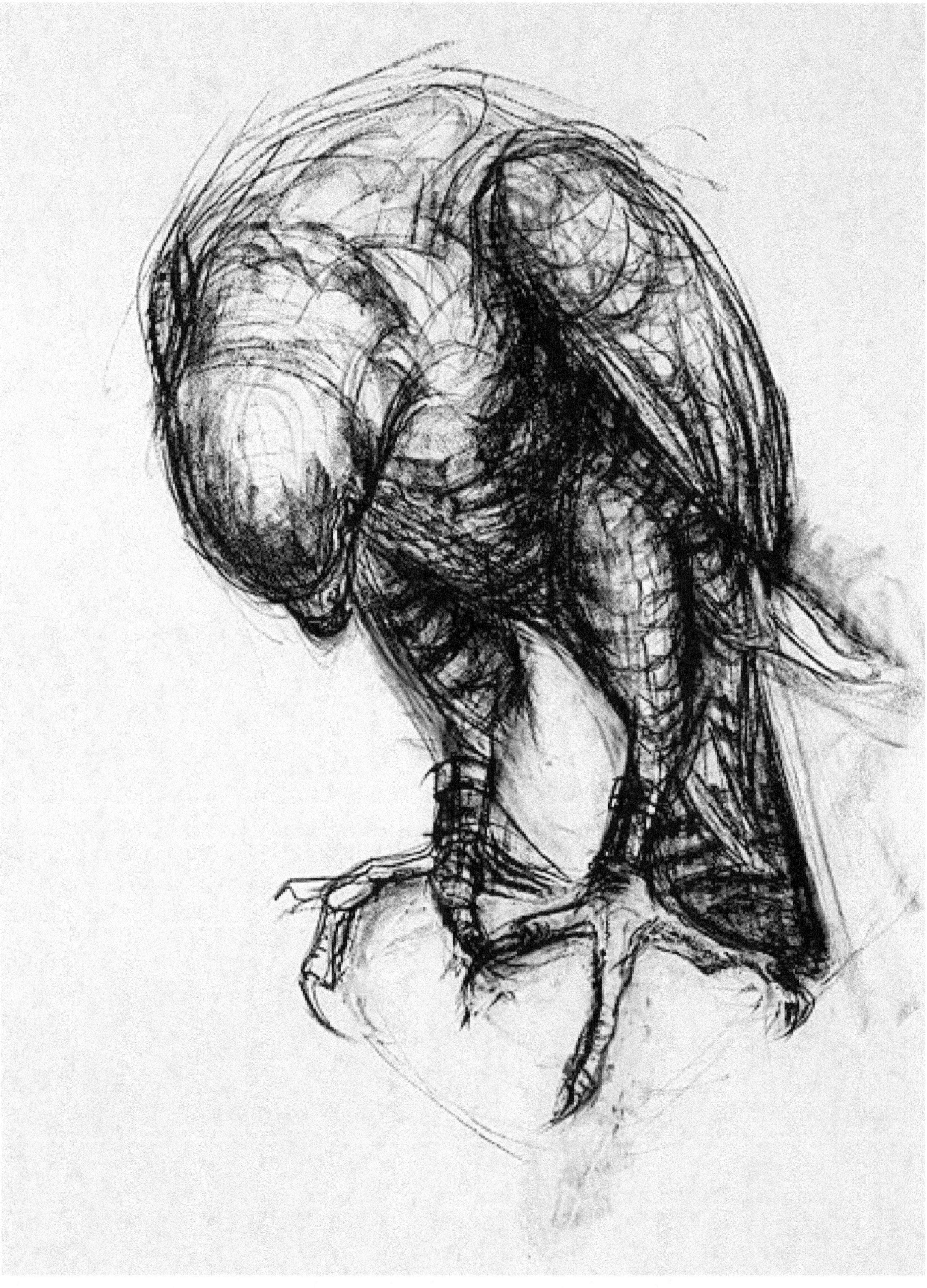

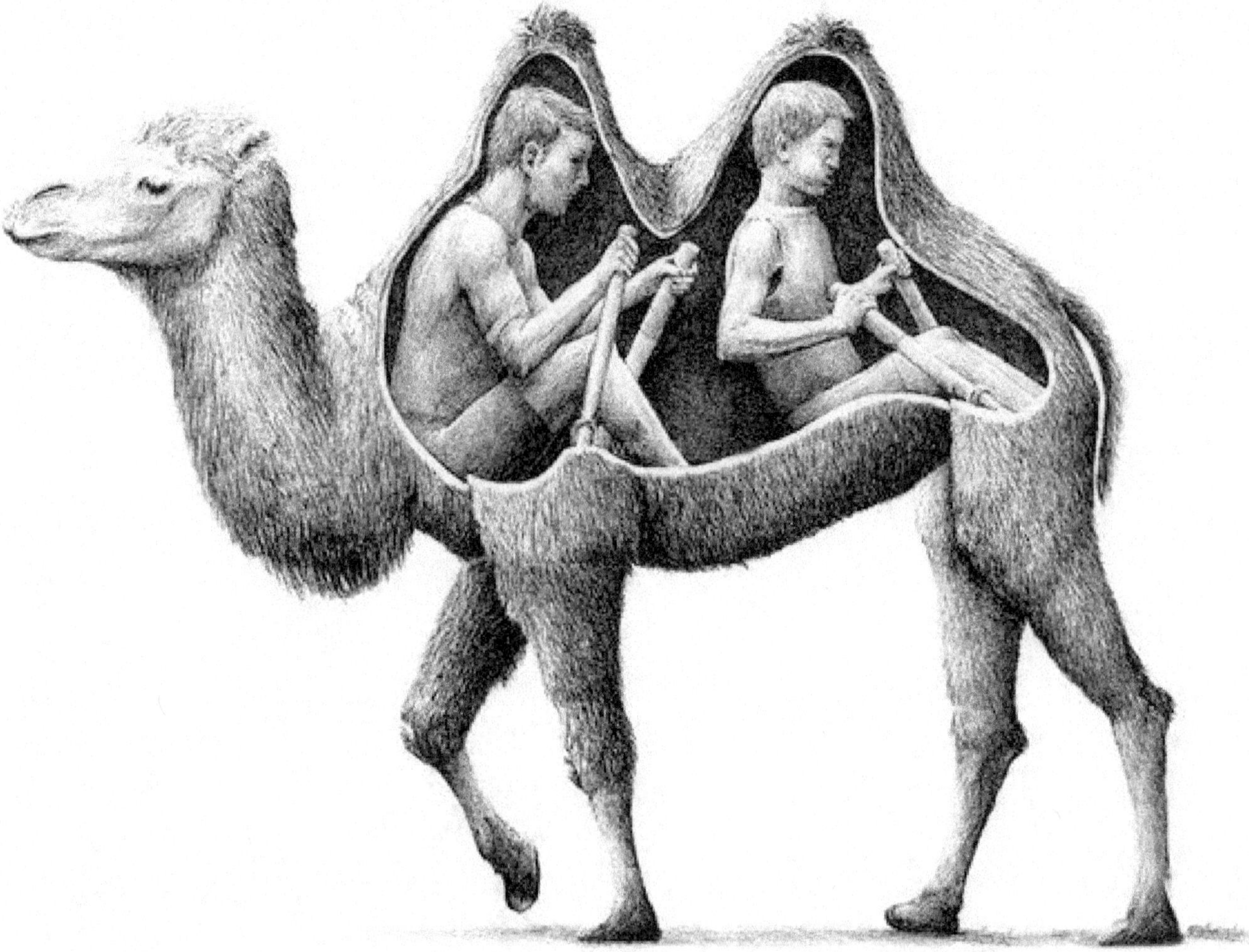

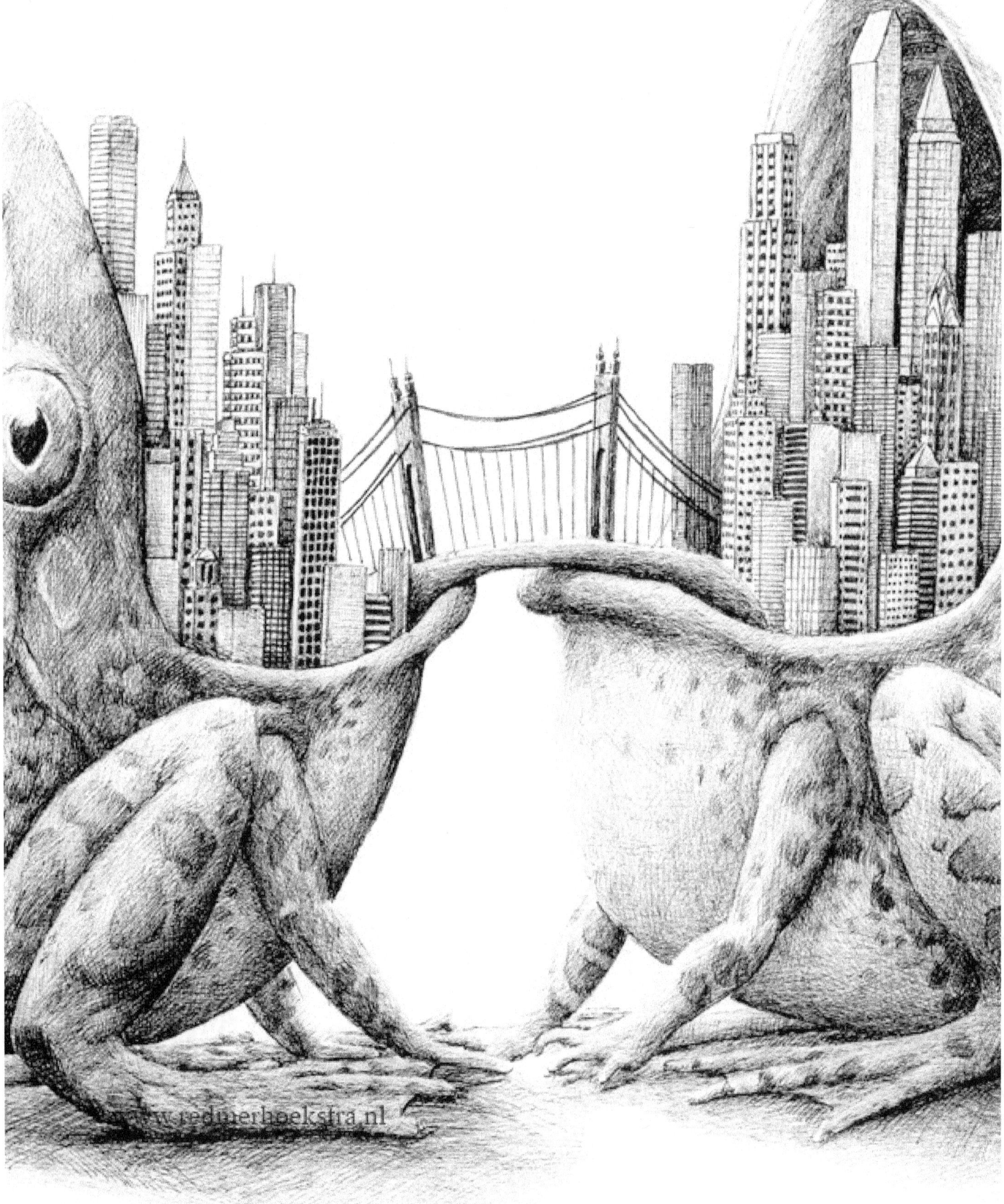
www.redmerhoekstra.nl

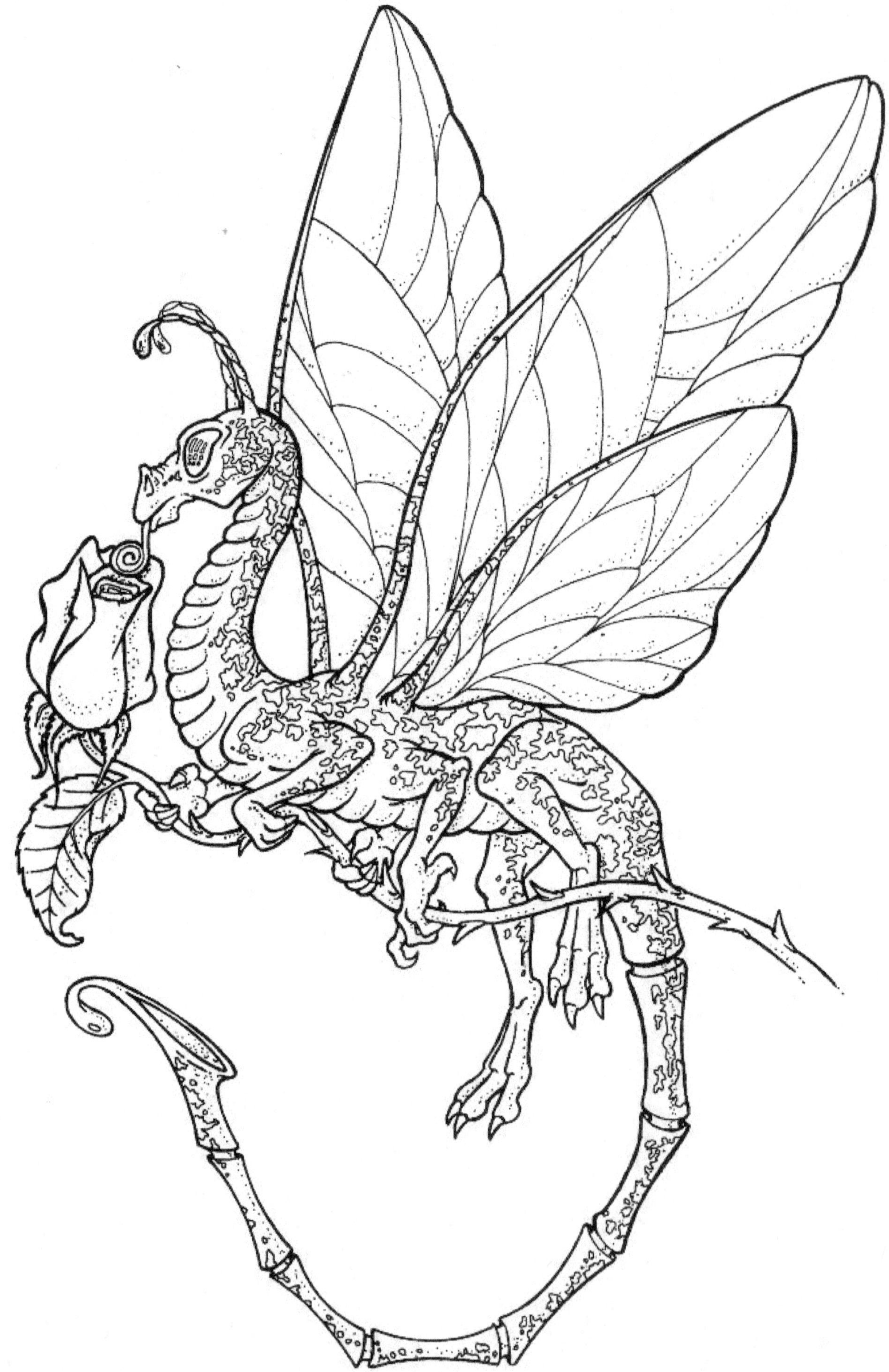

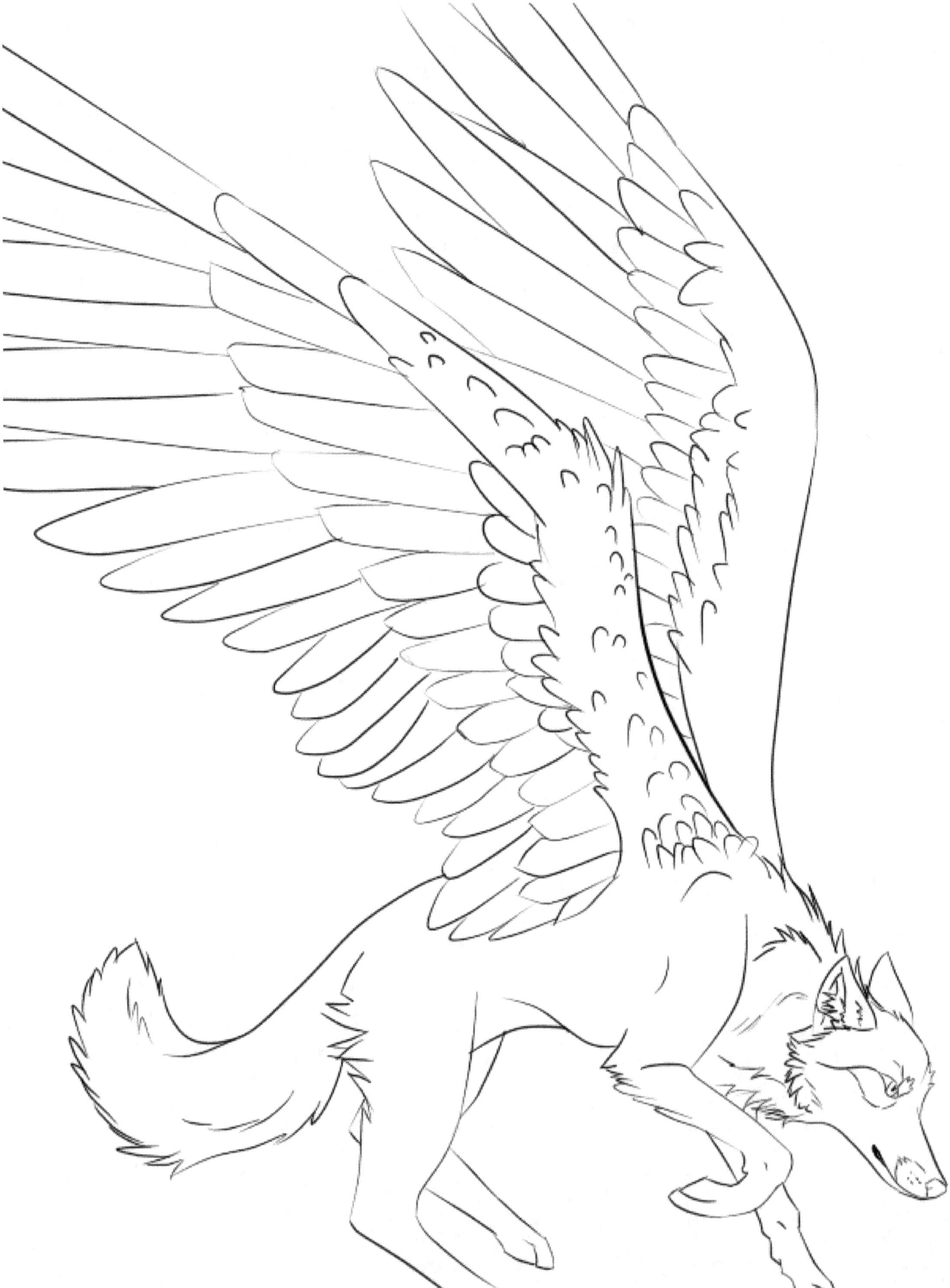

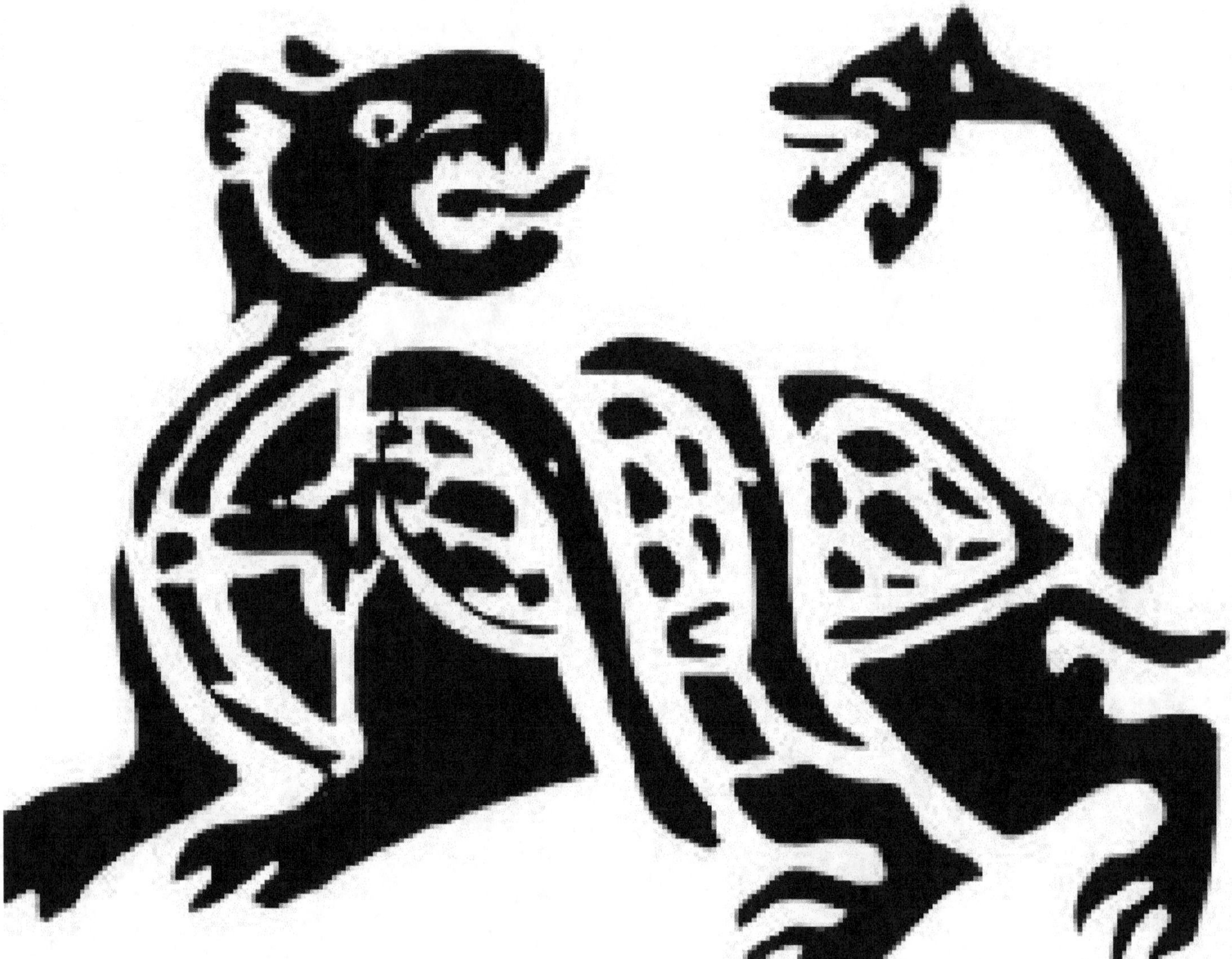

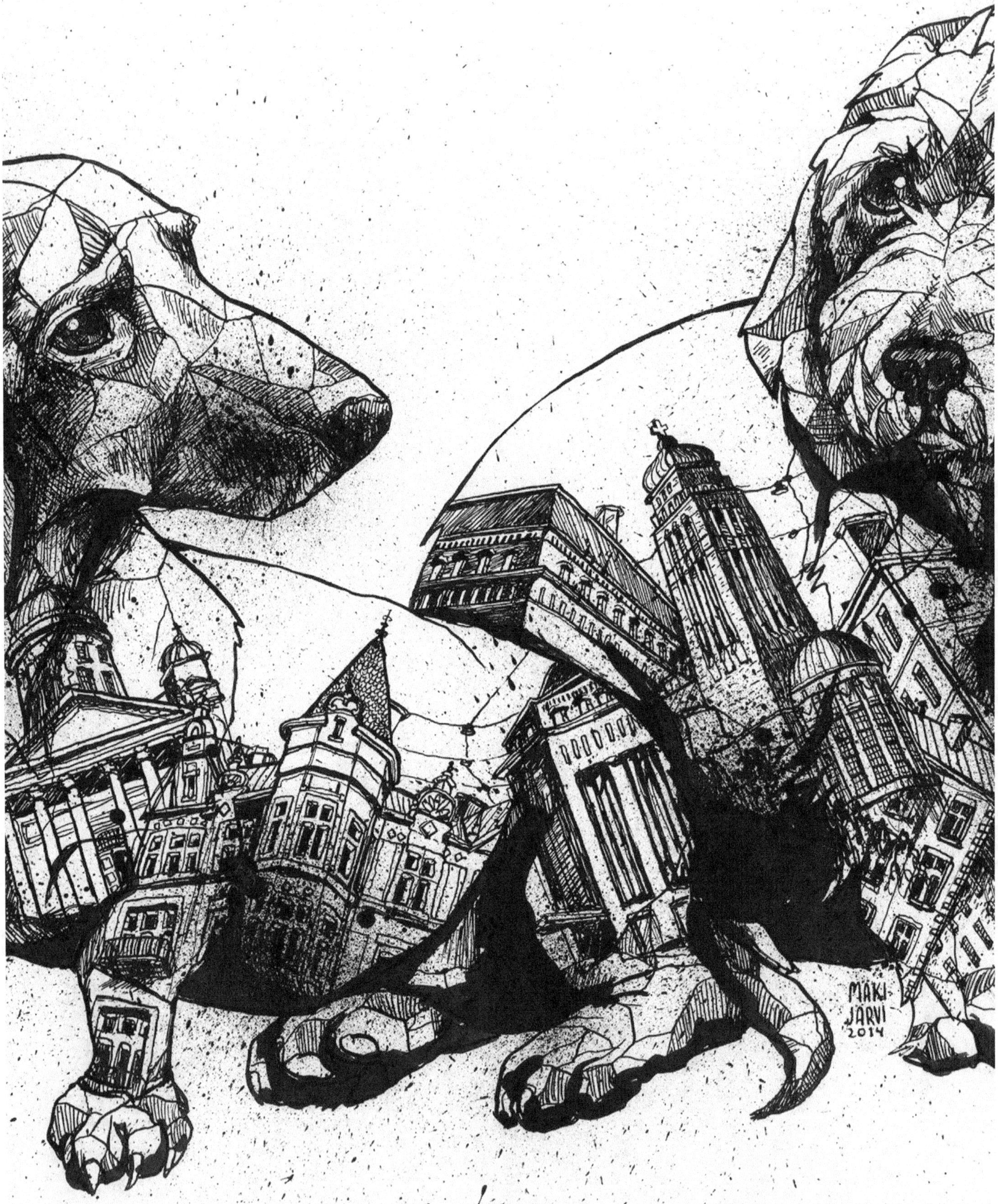
MÄKI-
JÄRVI
2014

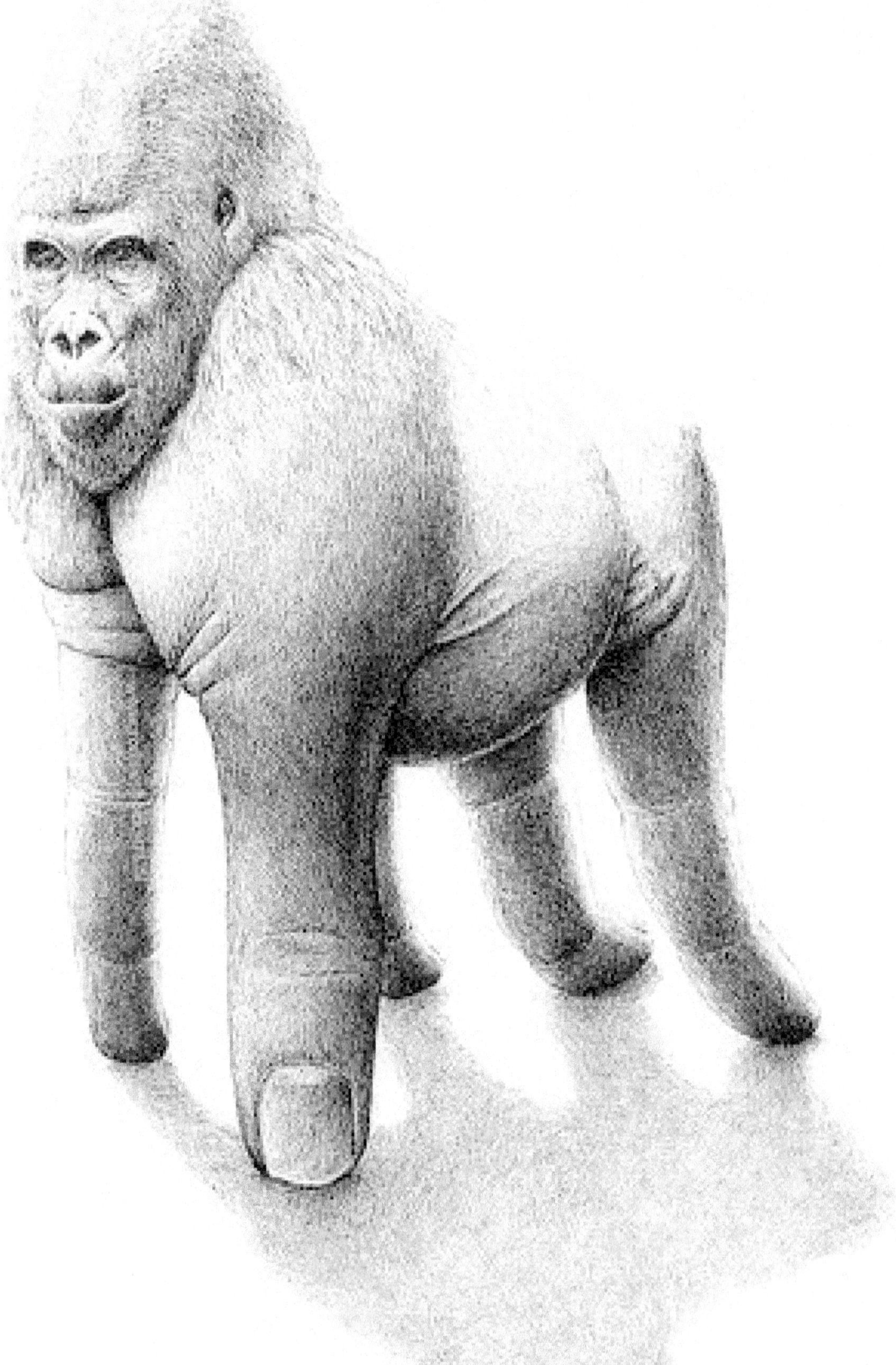

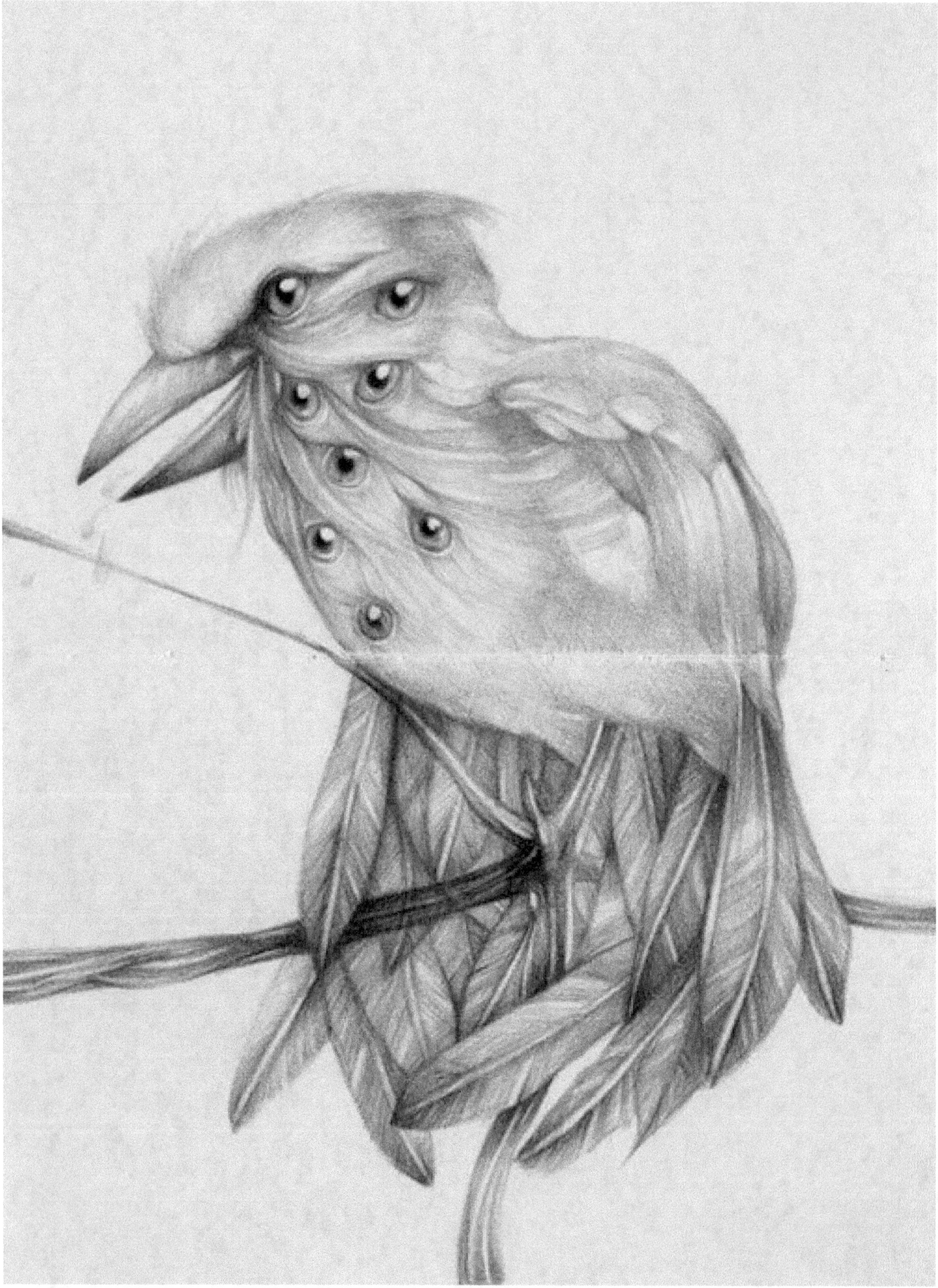

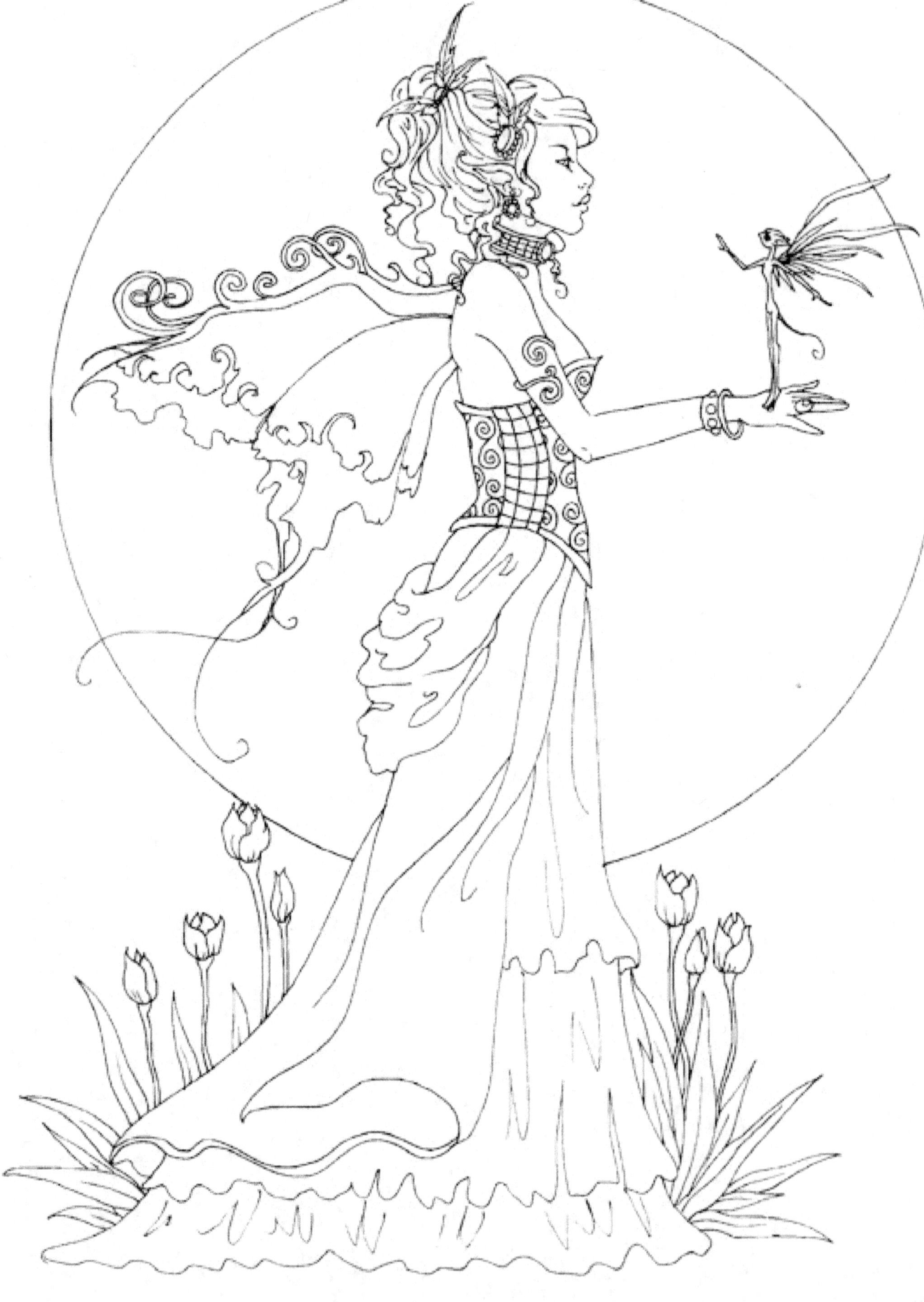

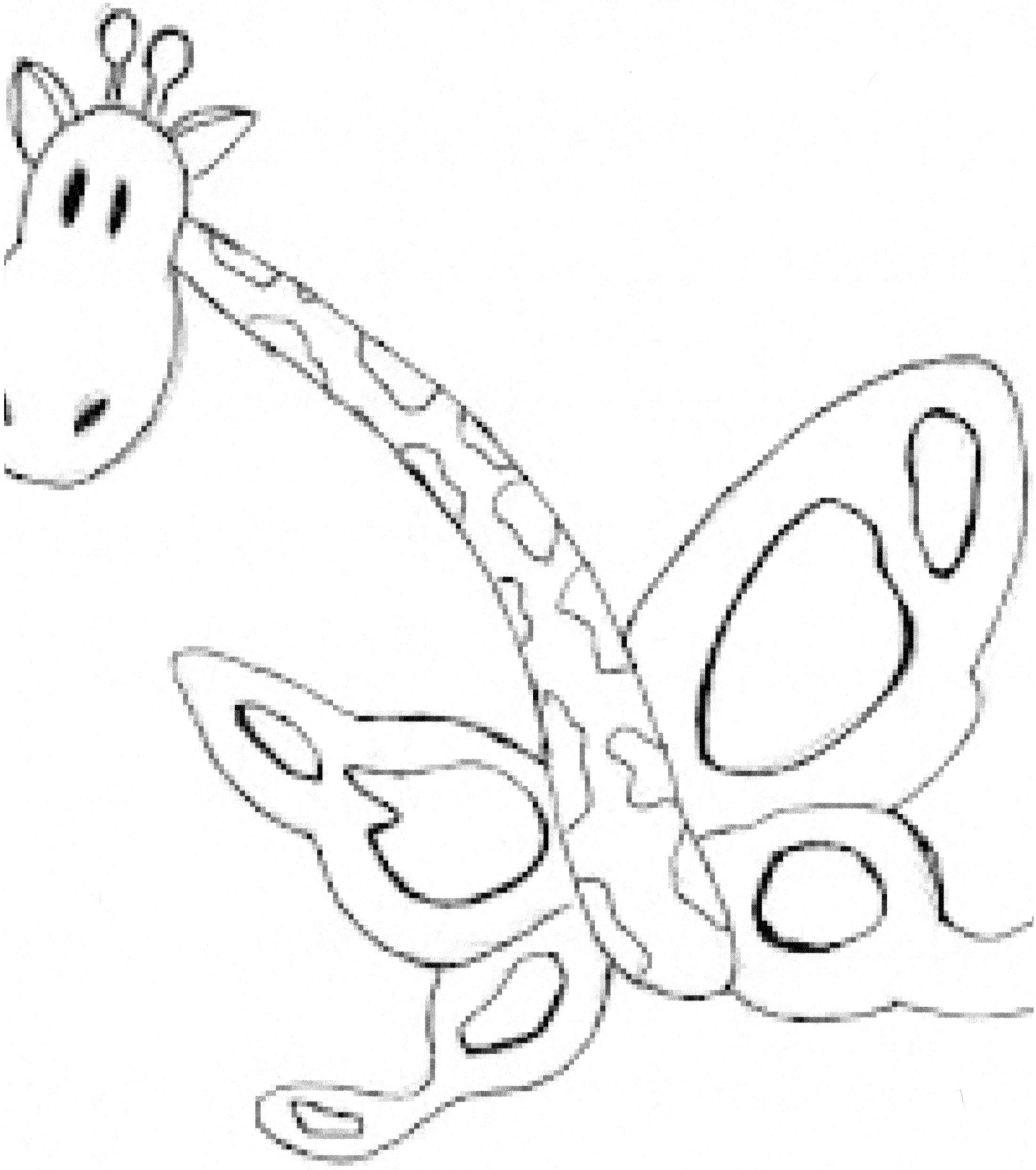

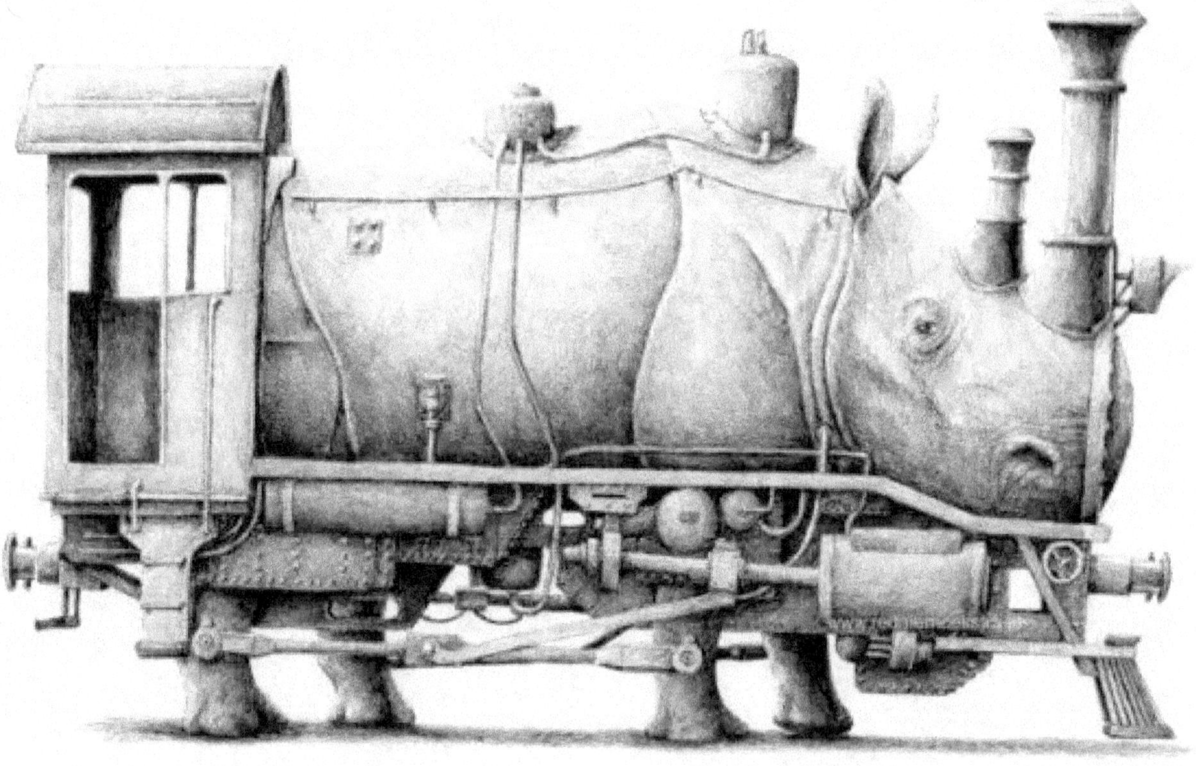

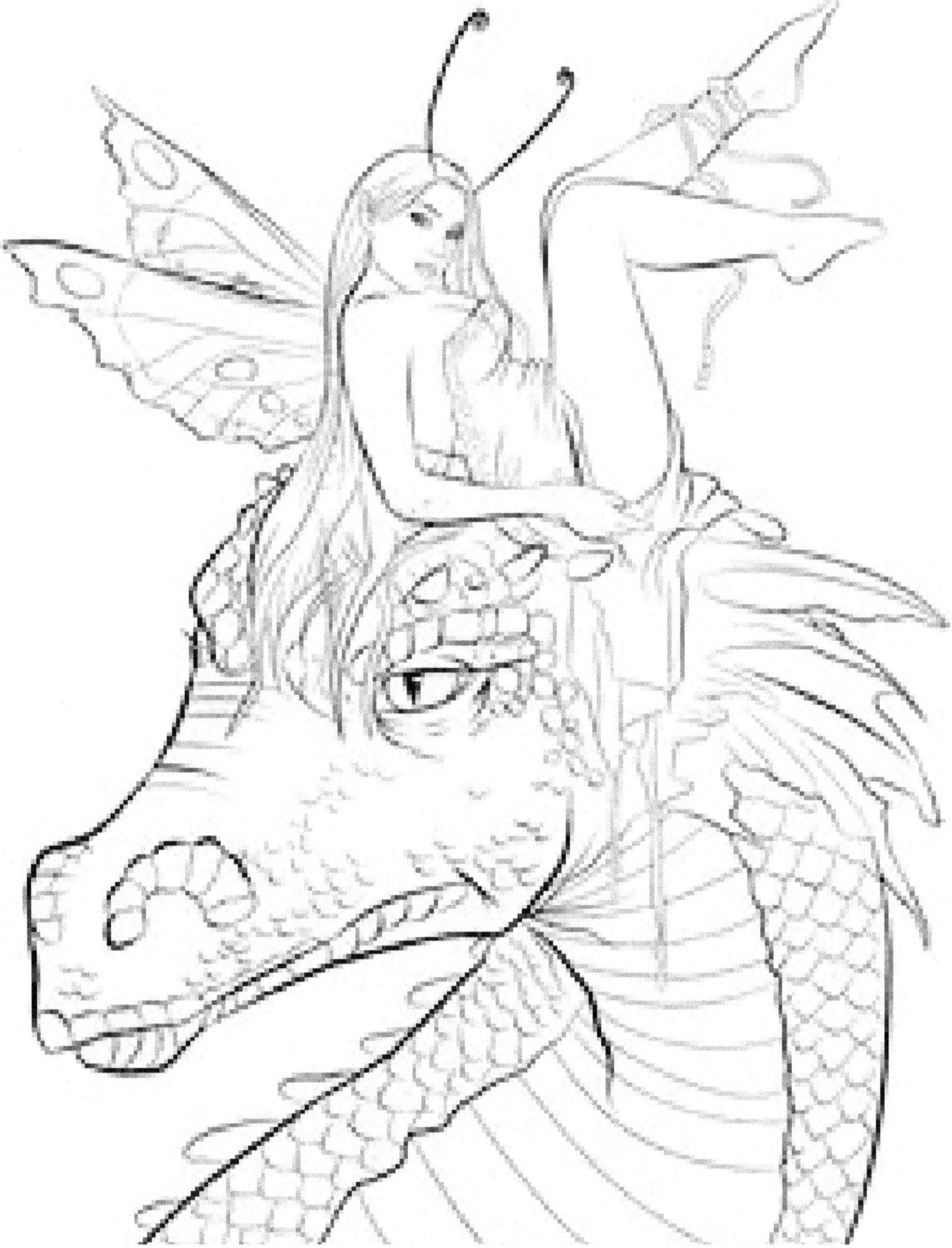

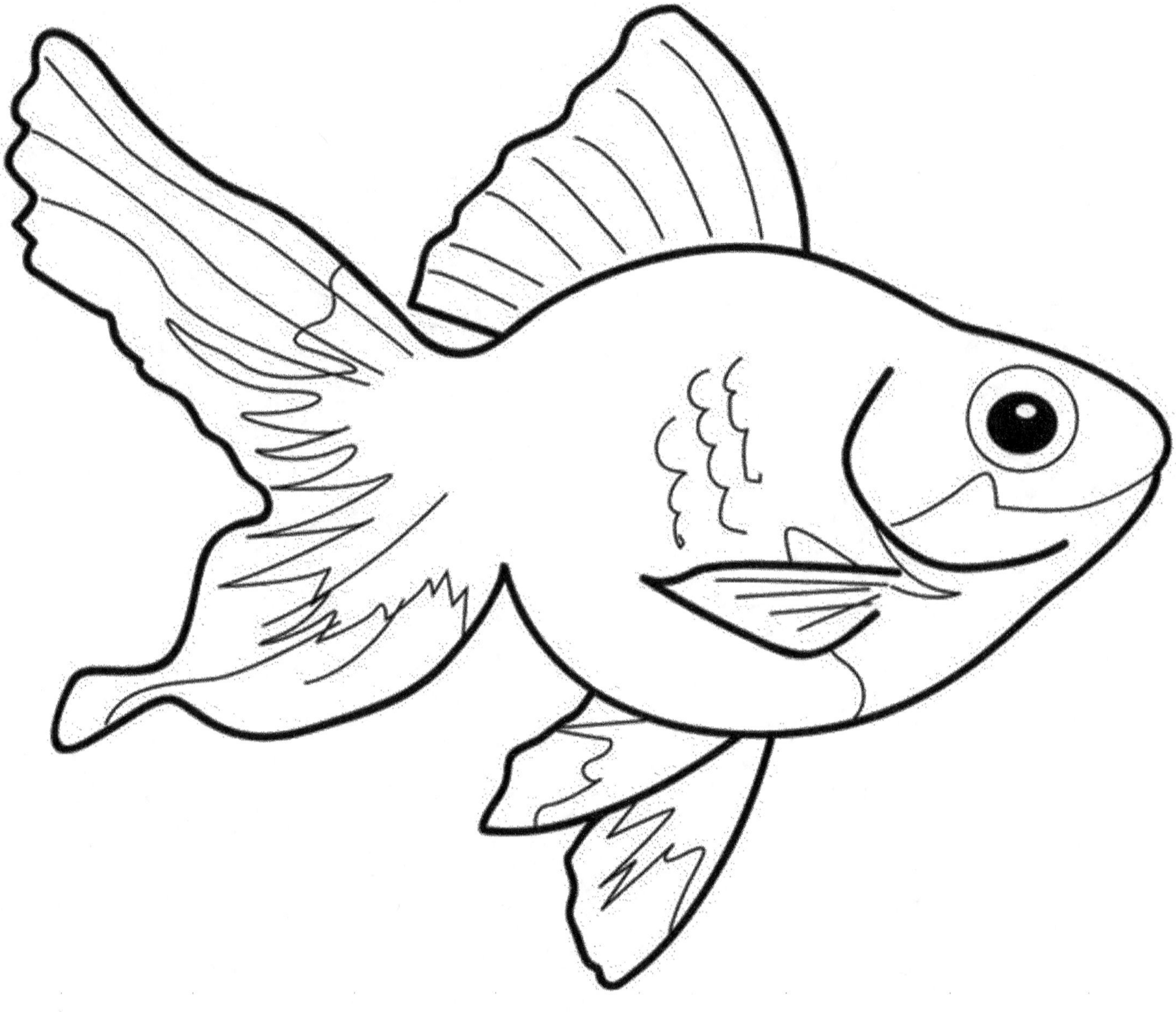

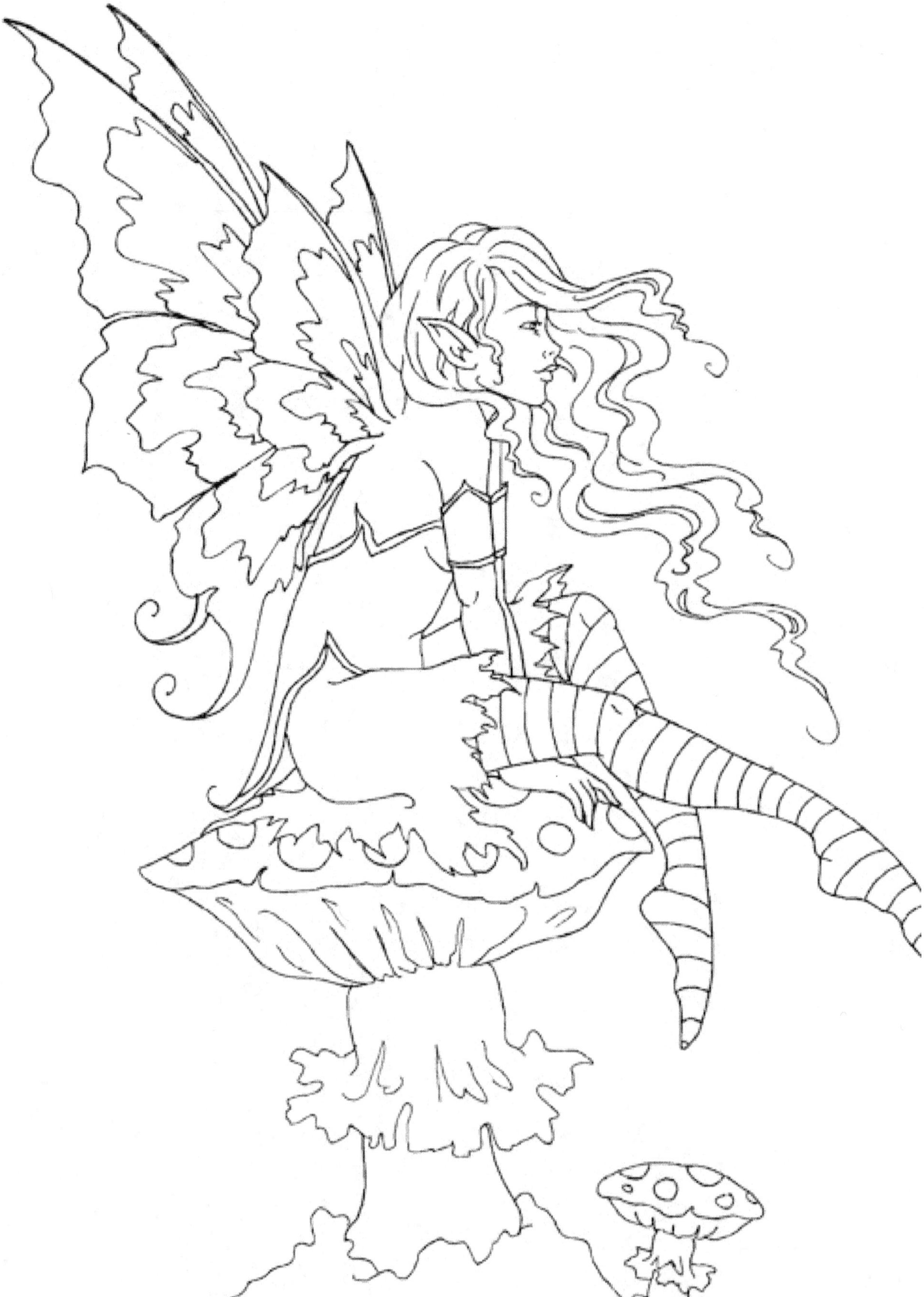

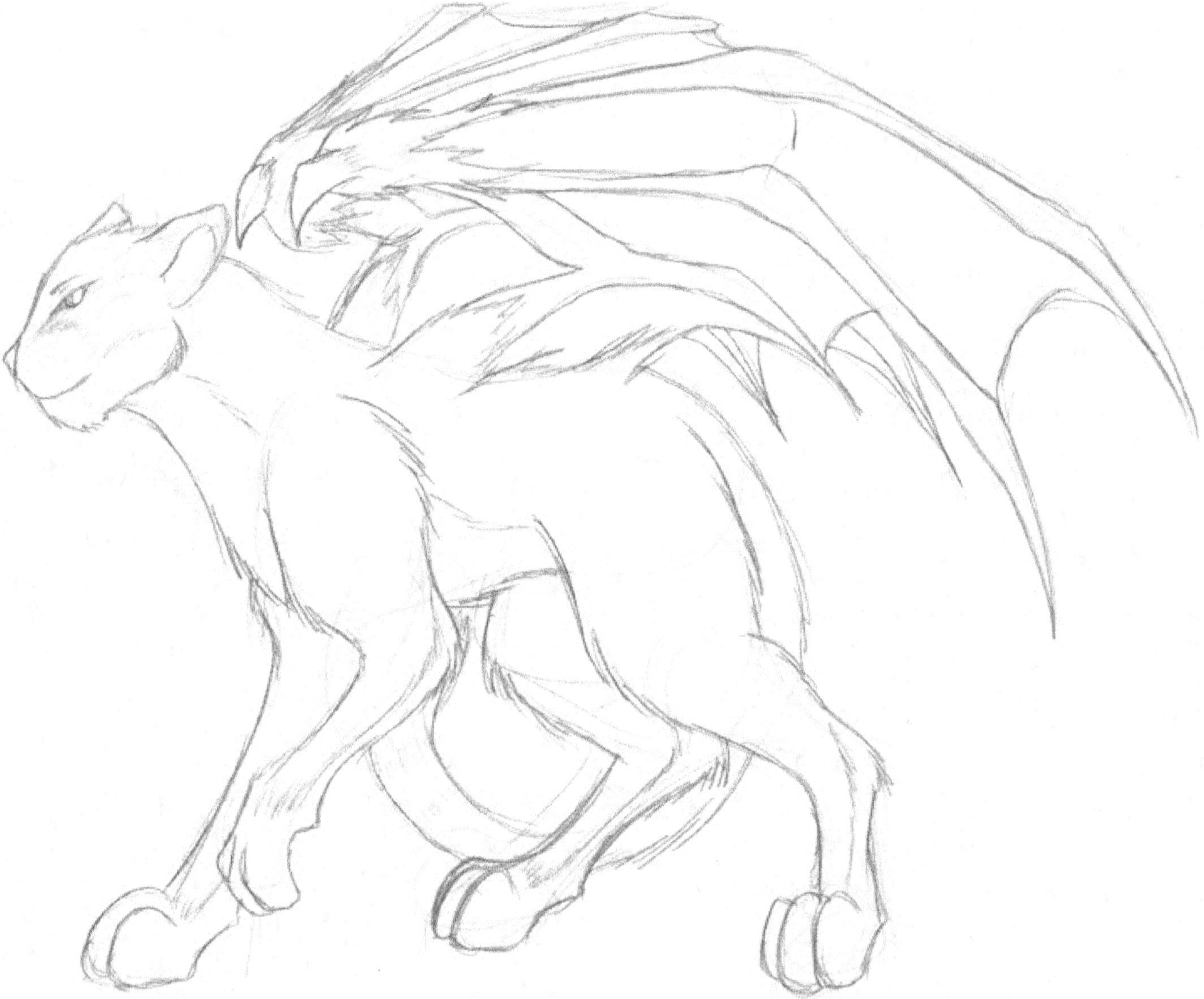

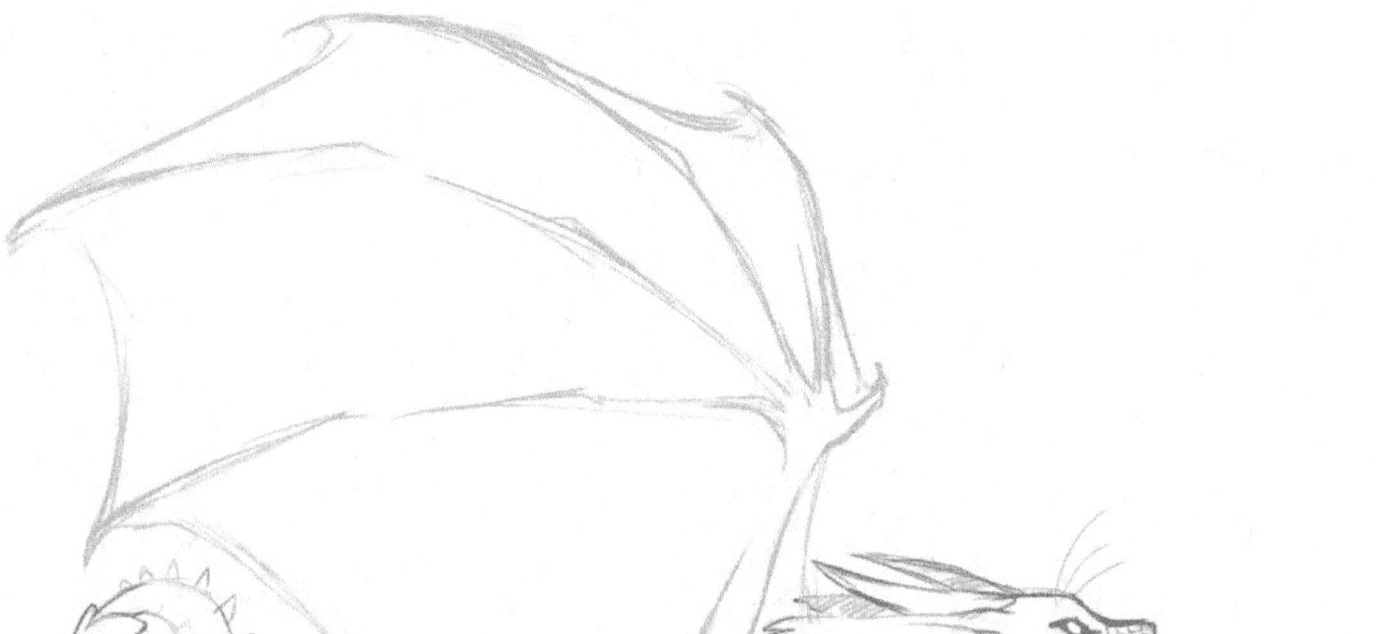

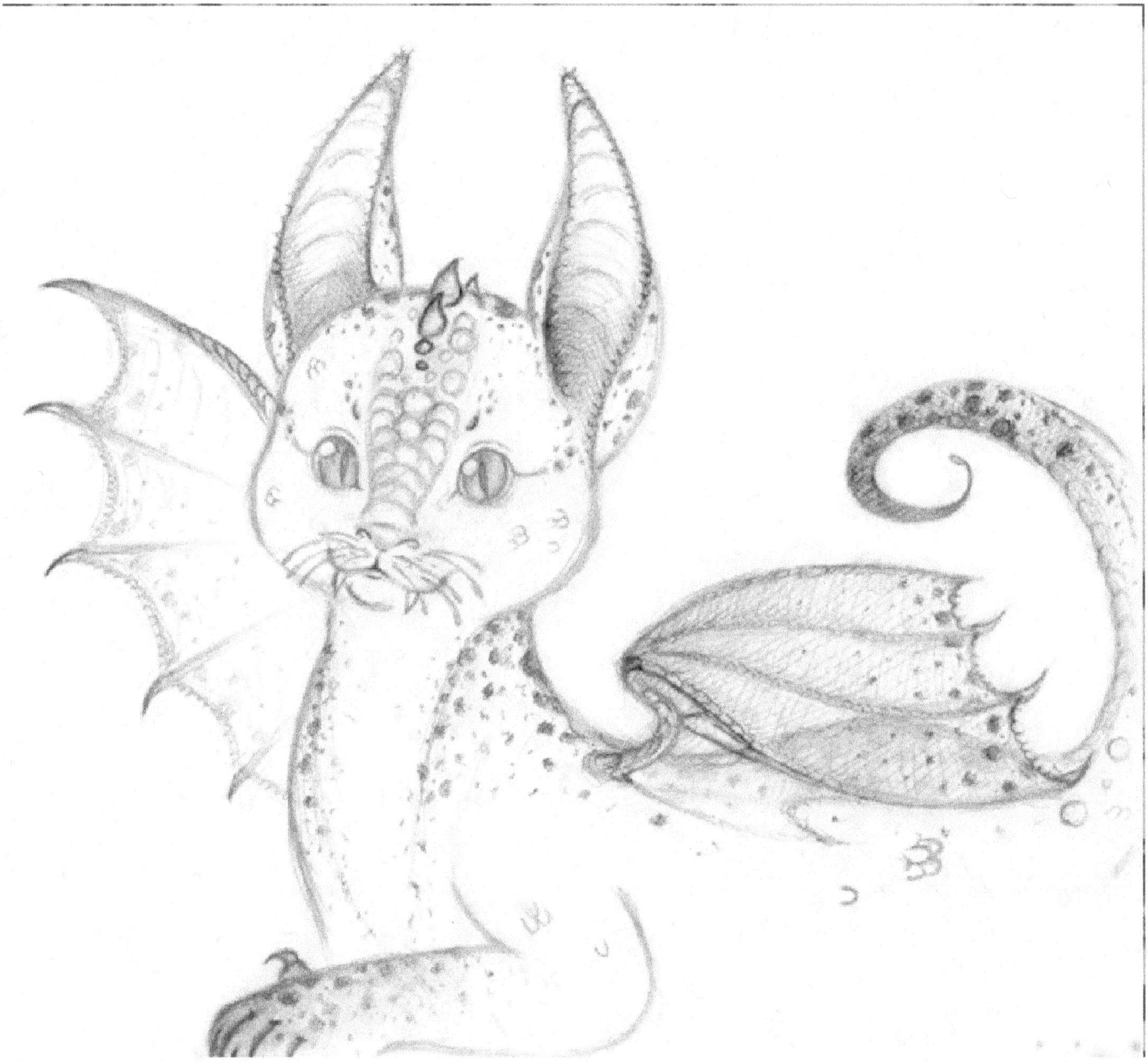

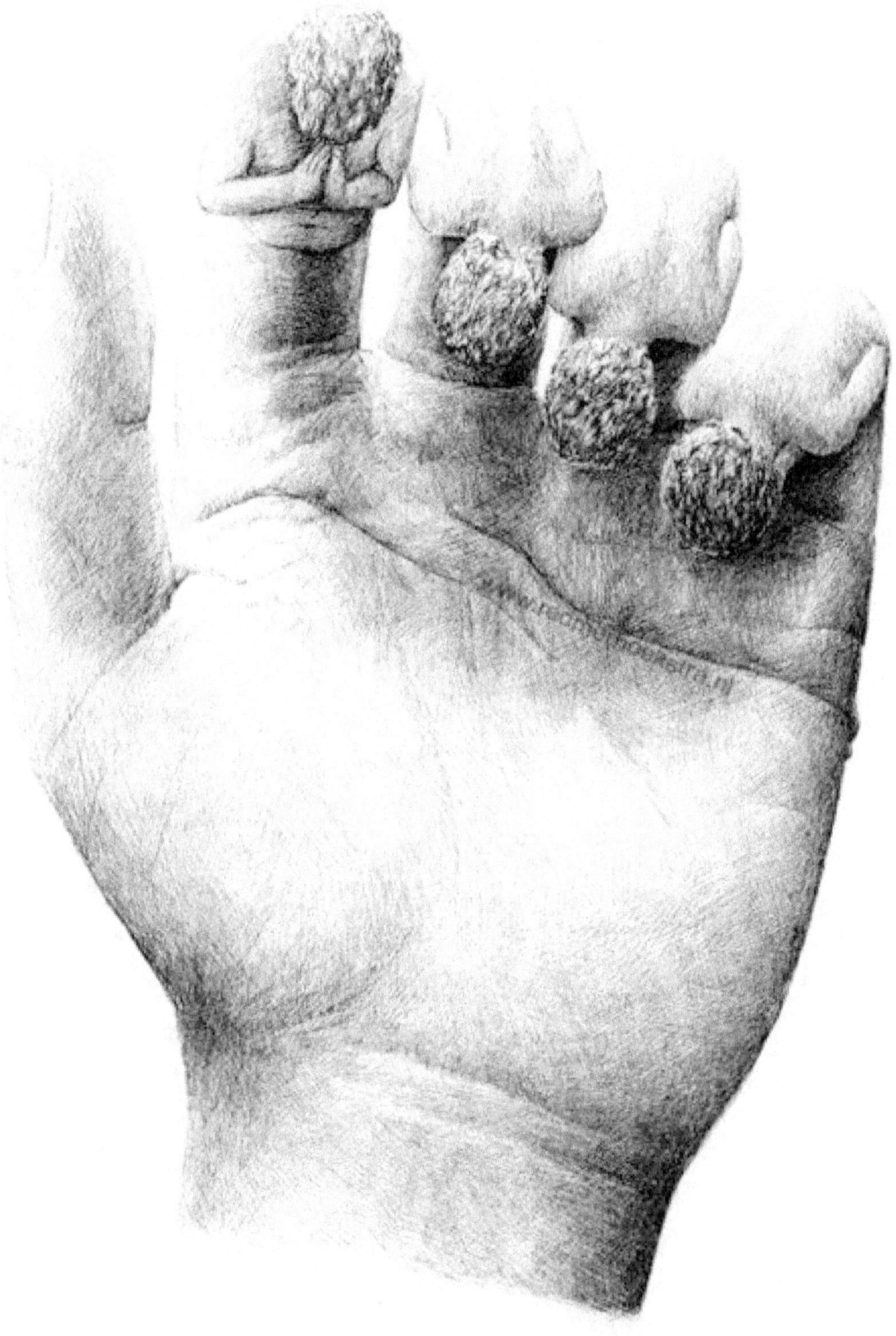

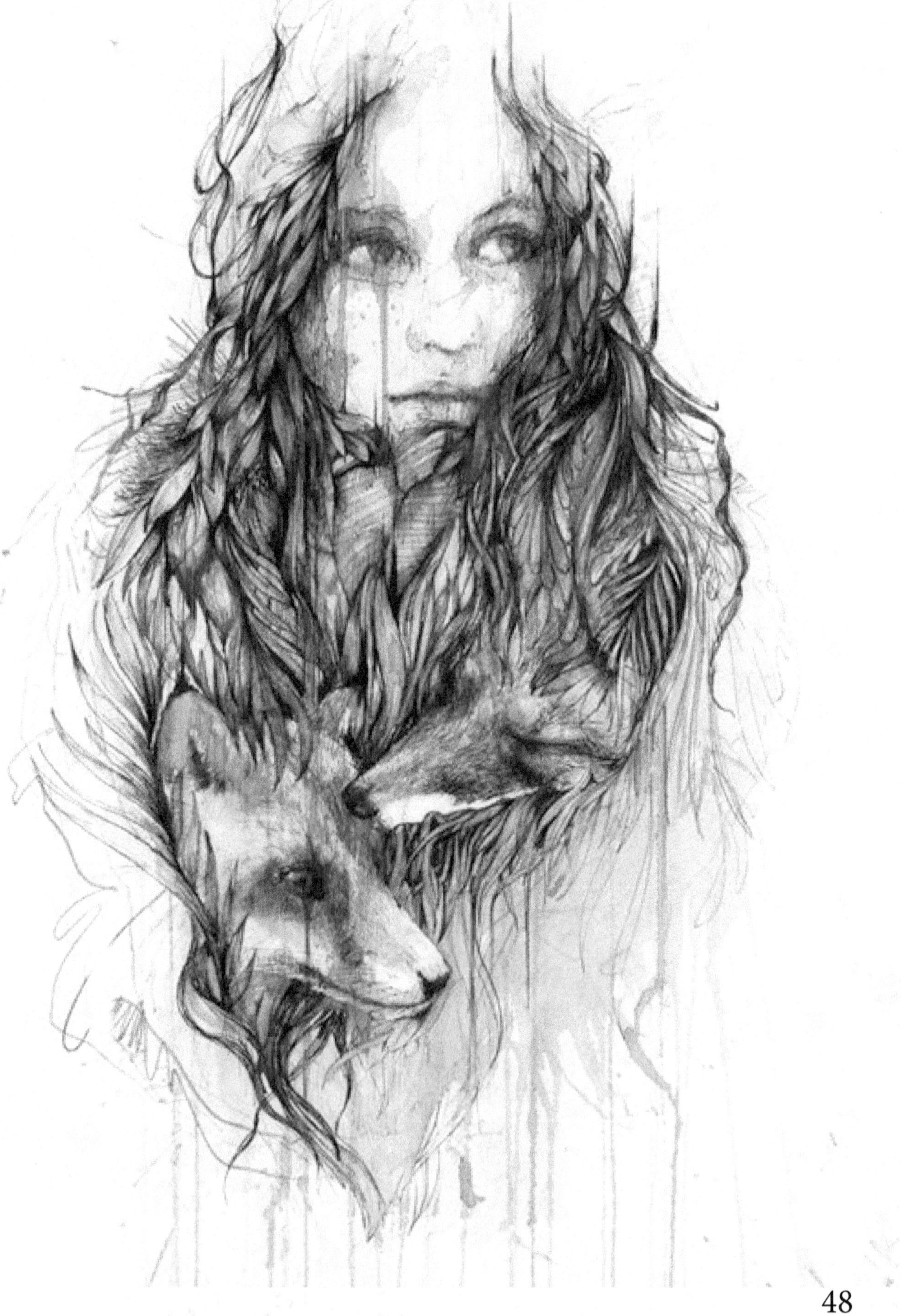

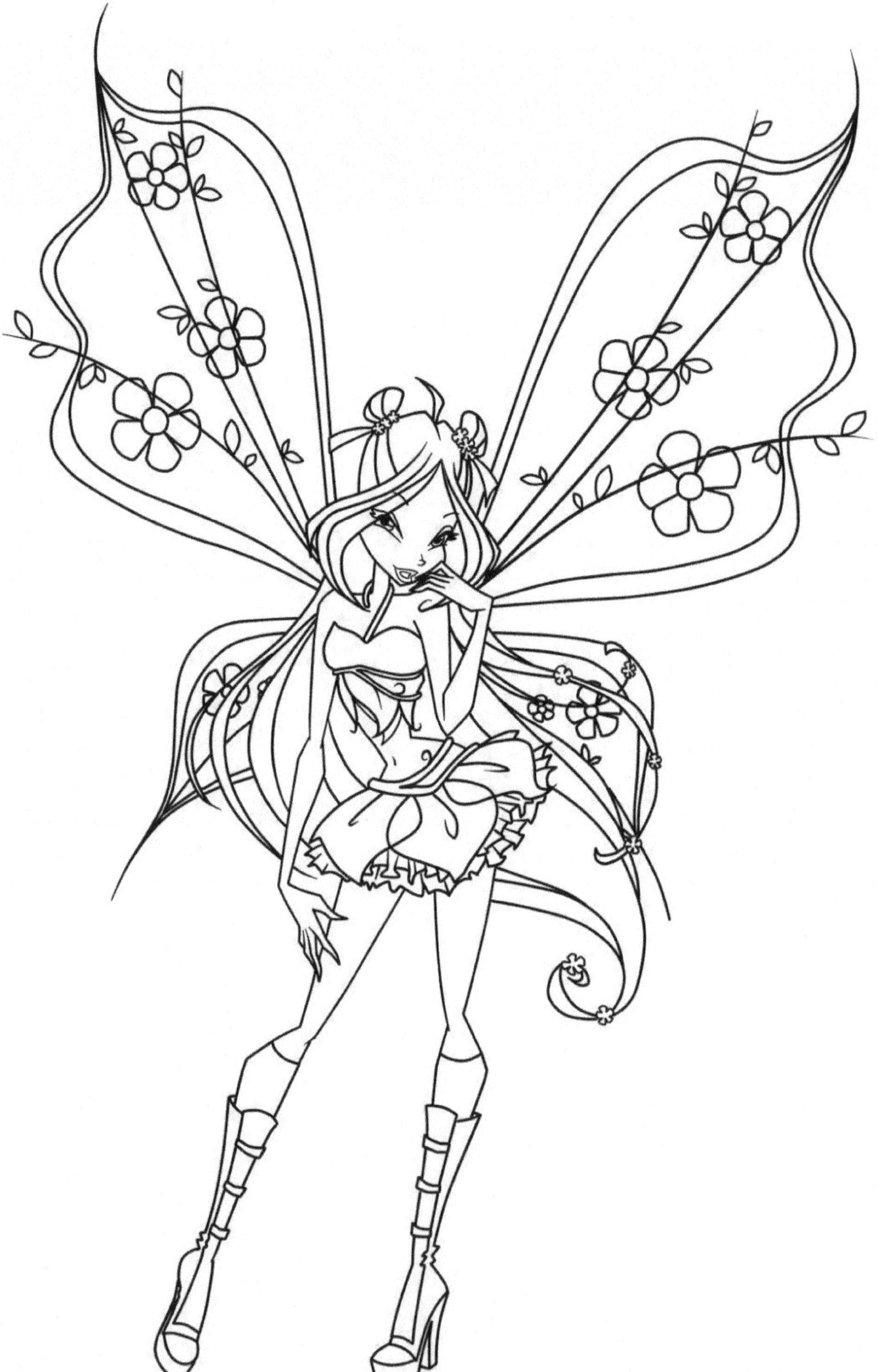

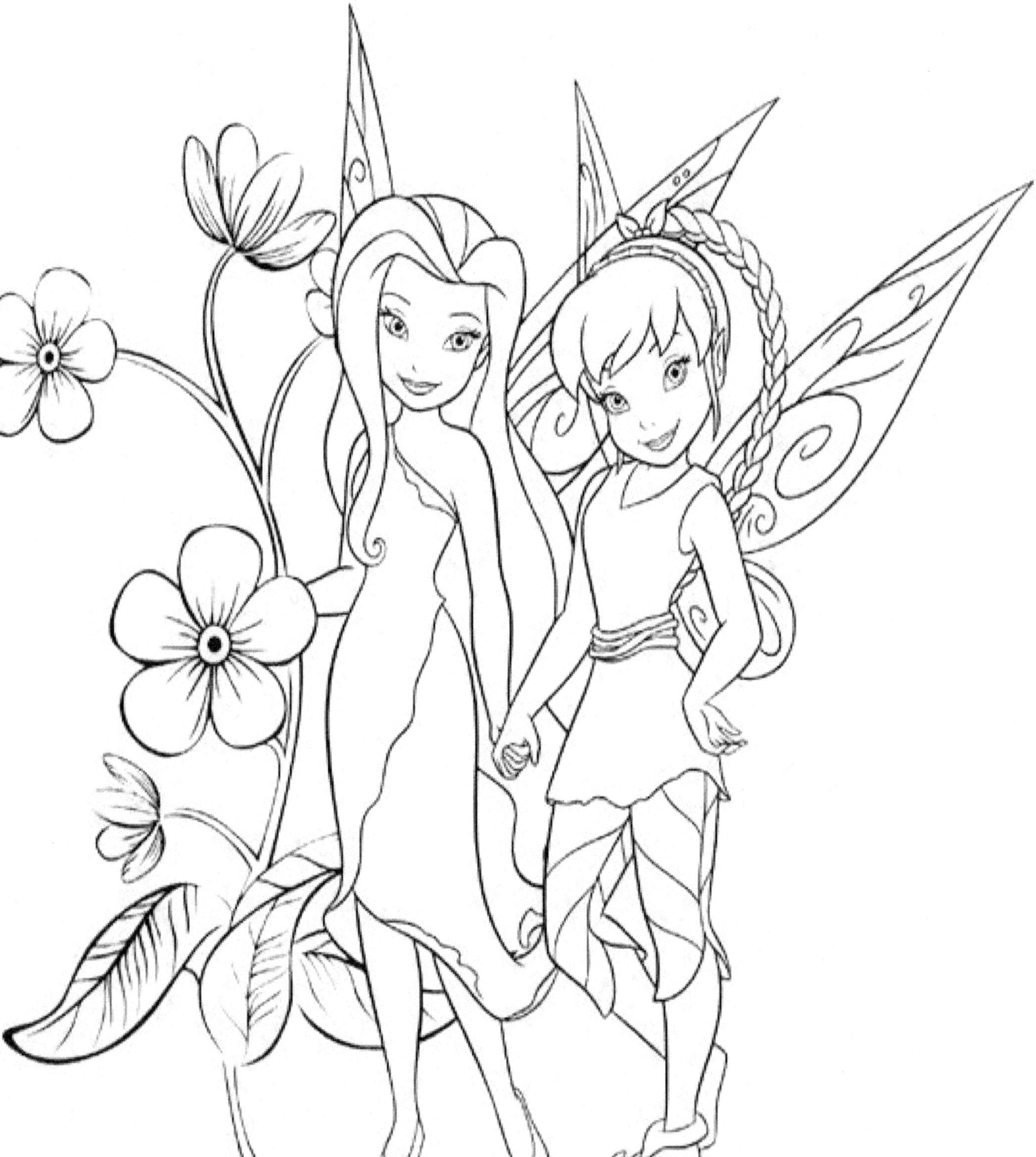

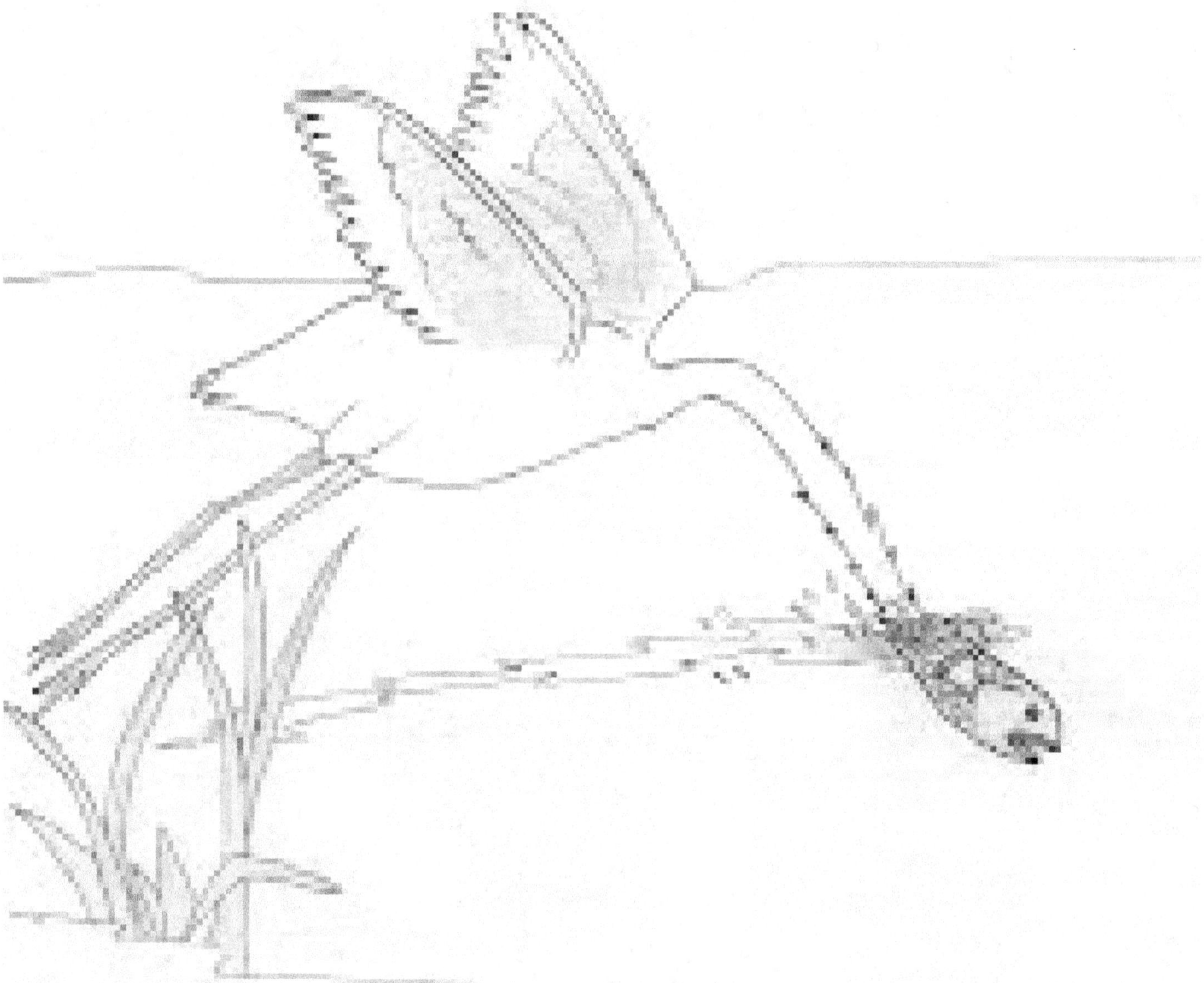

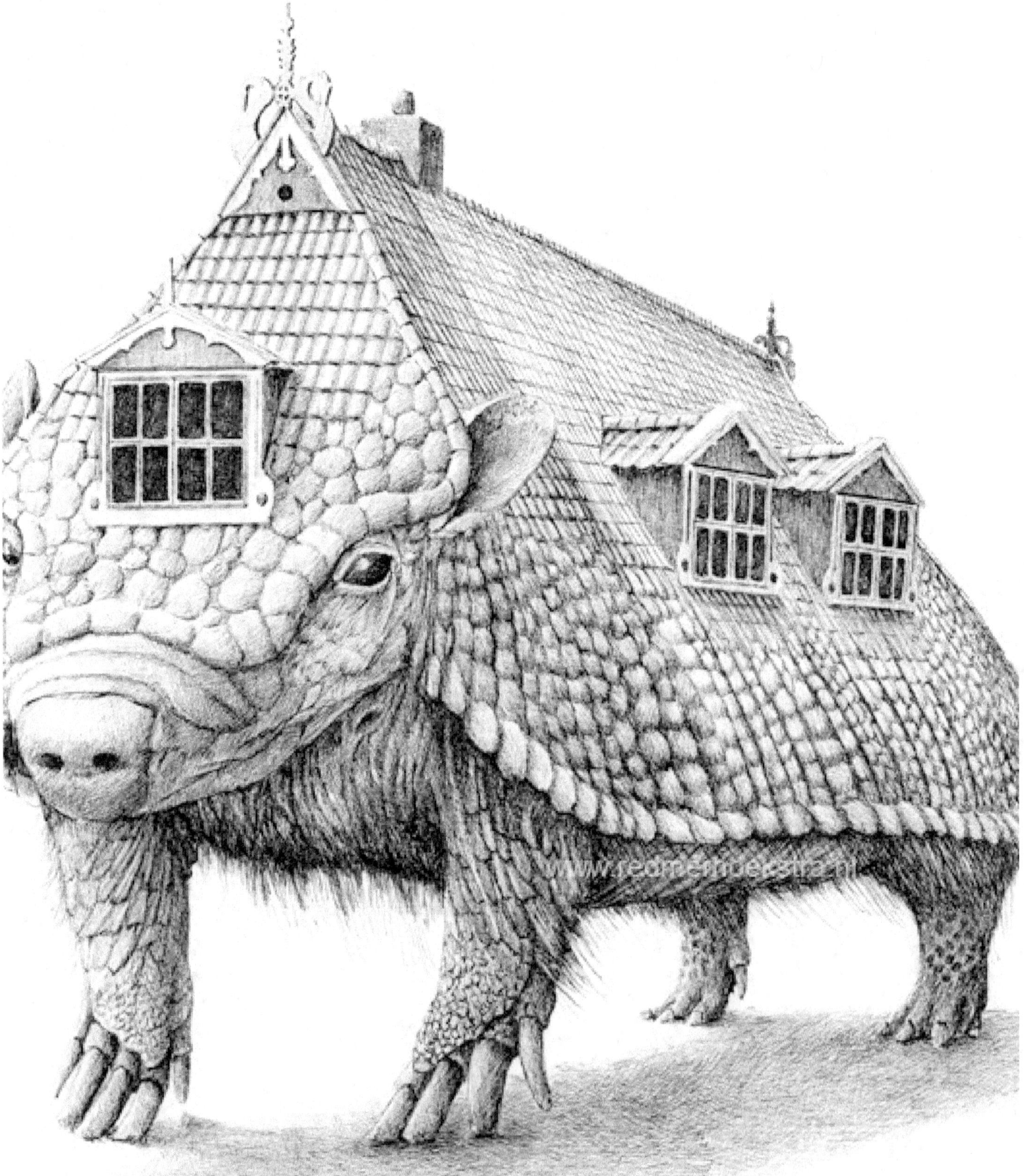

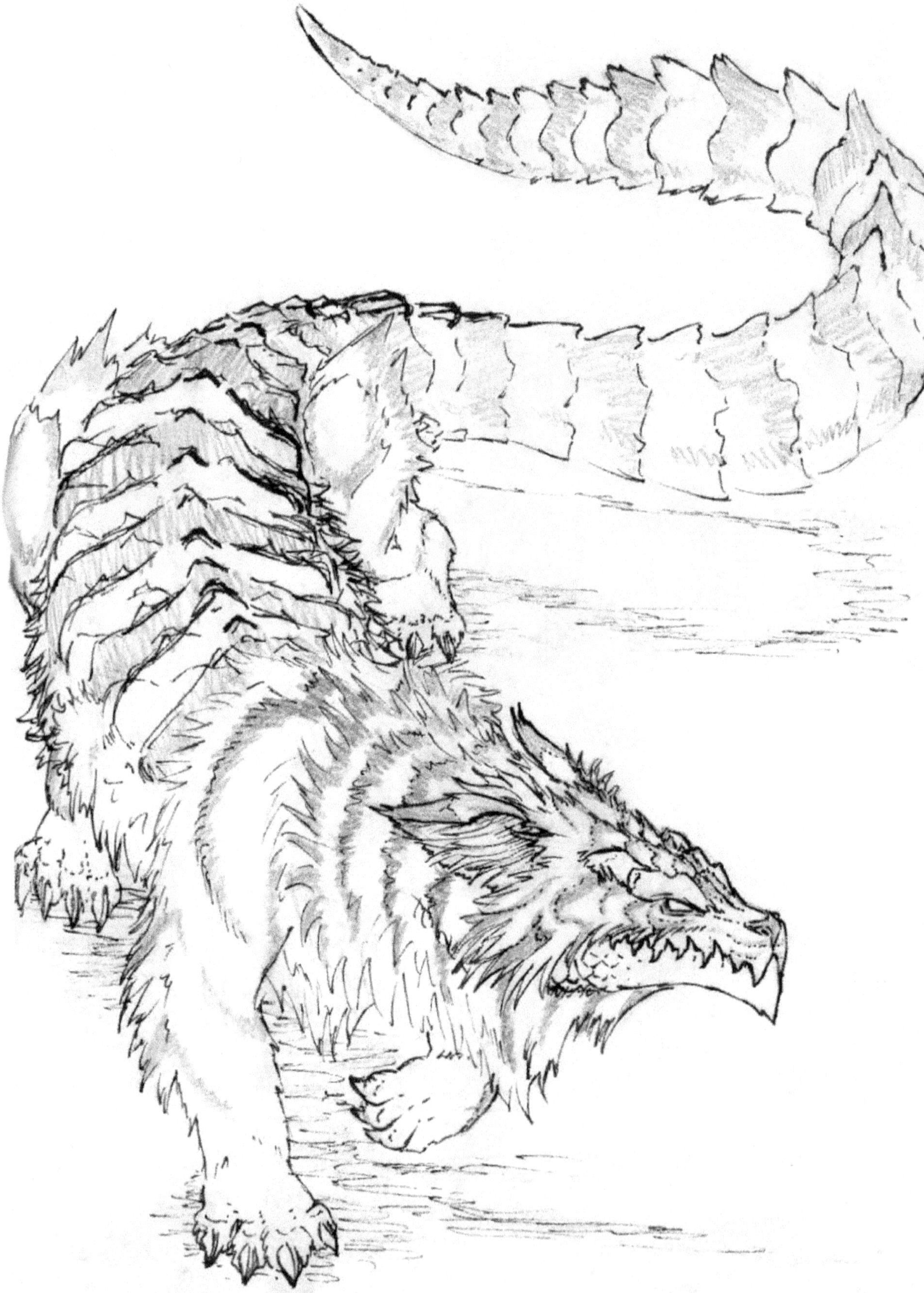

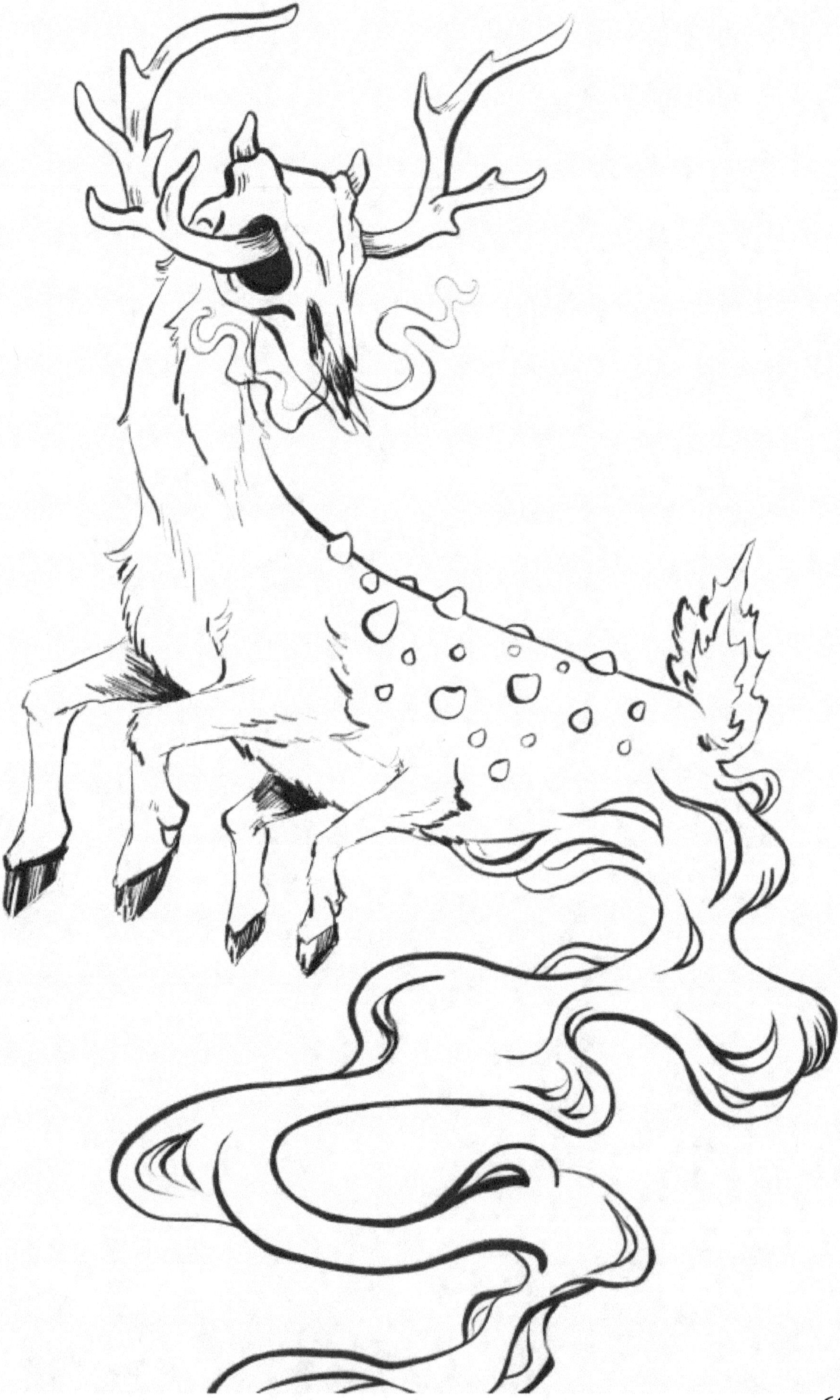

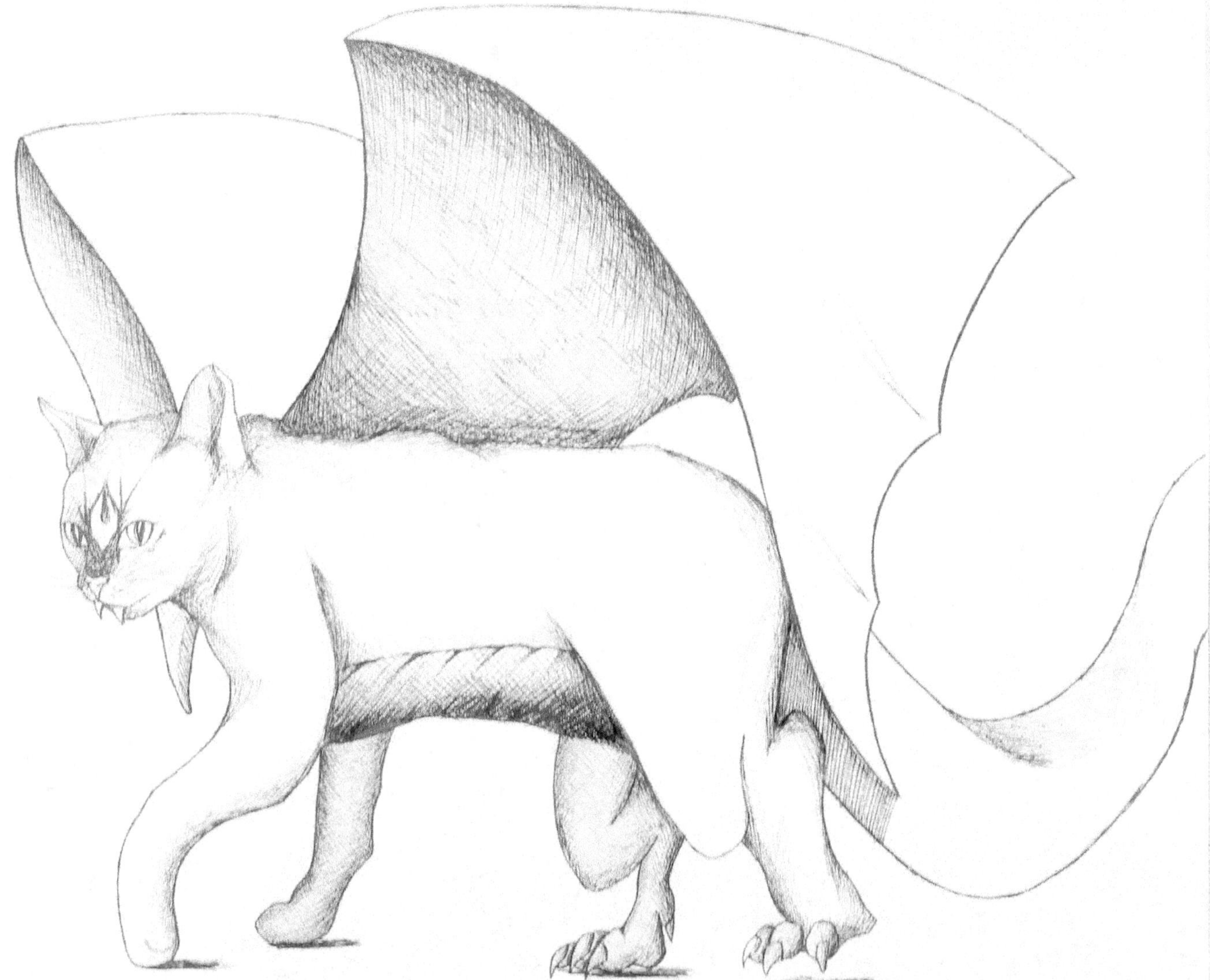

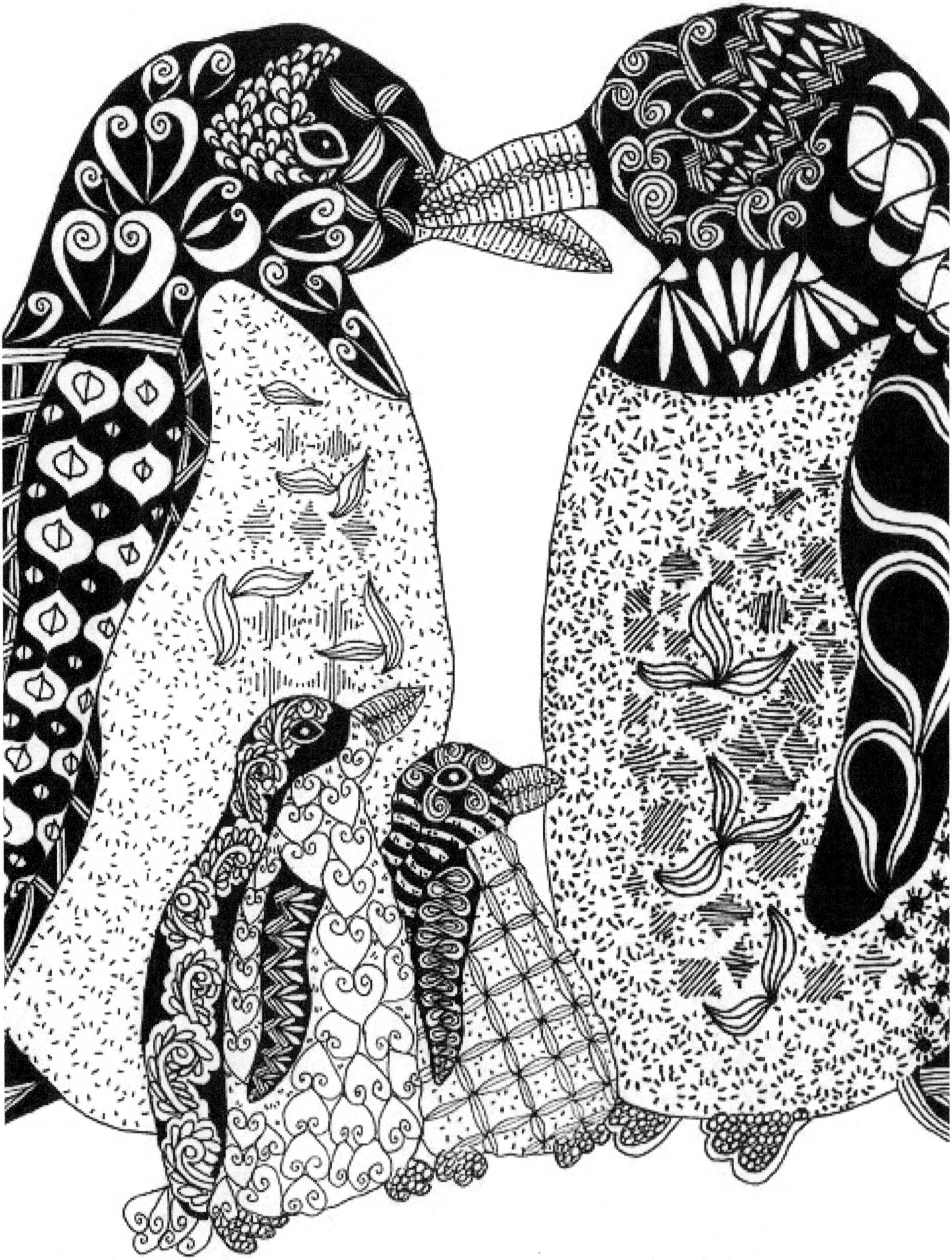

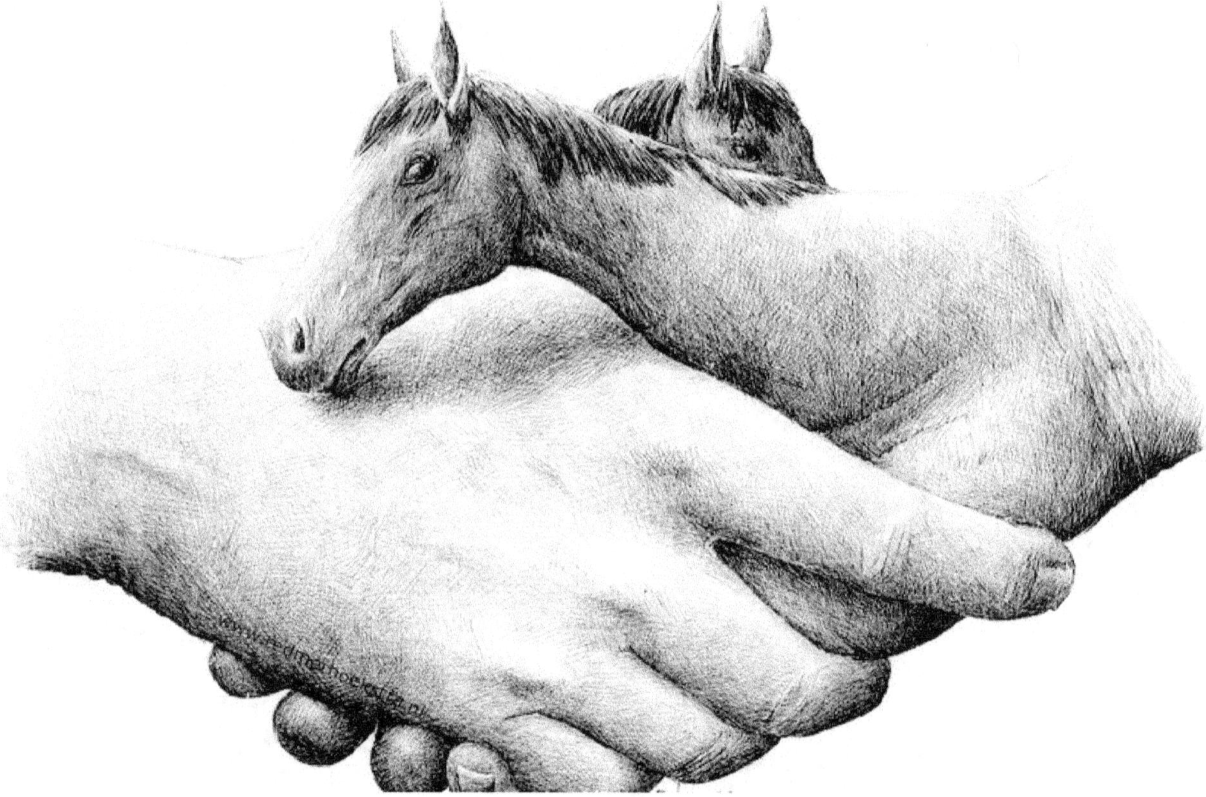

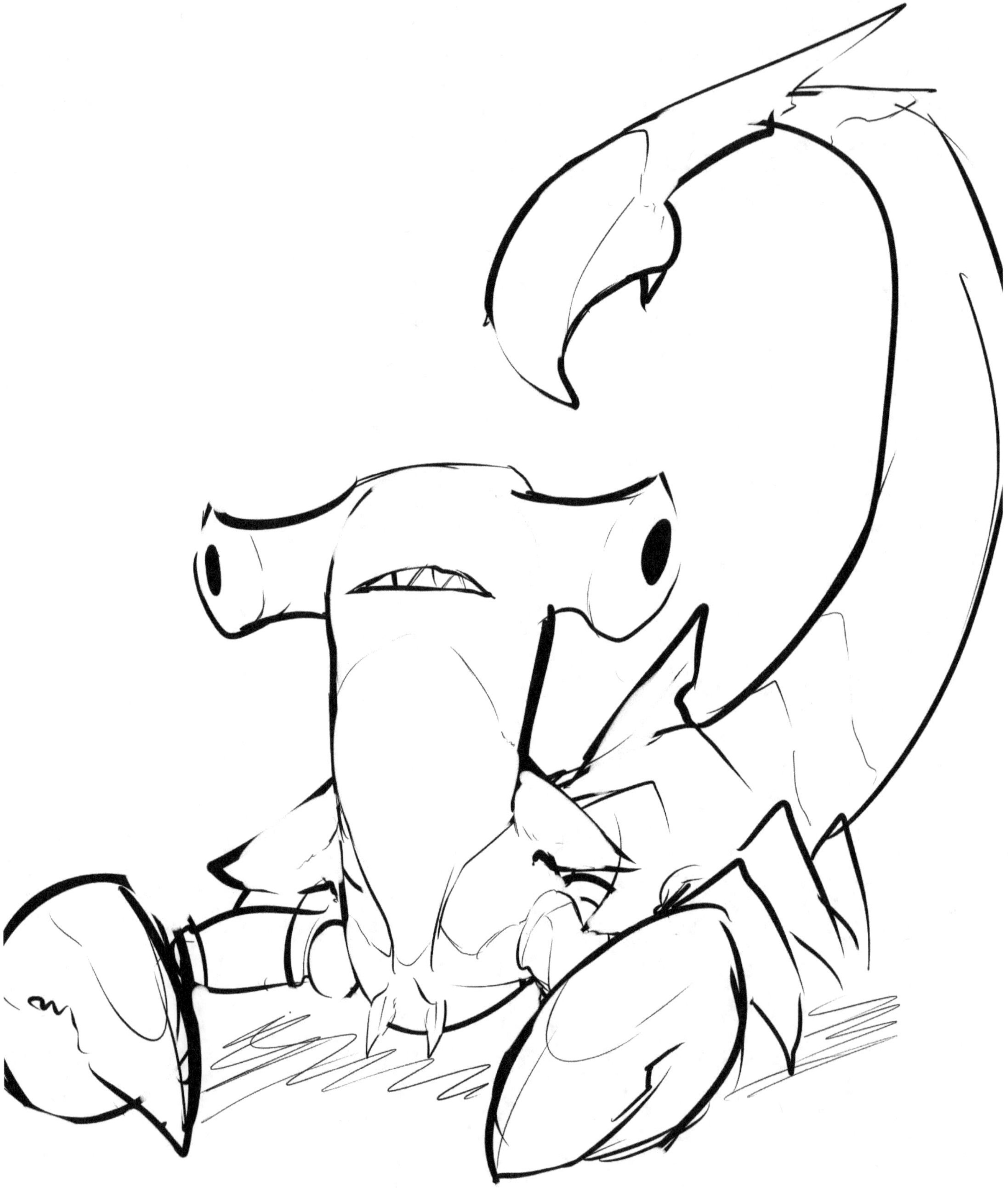

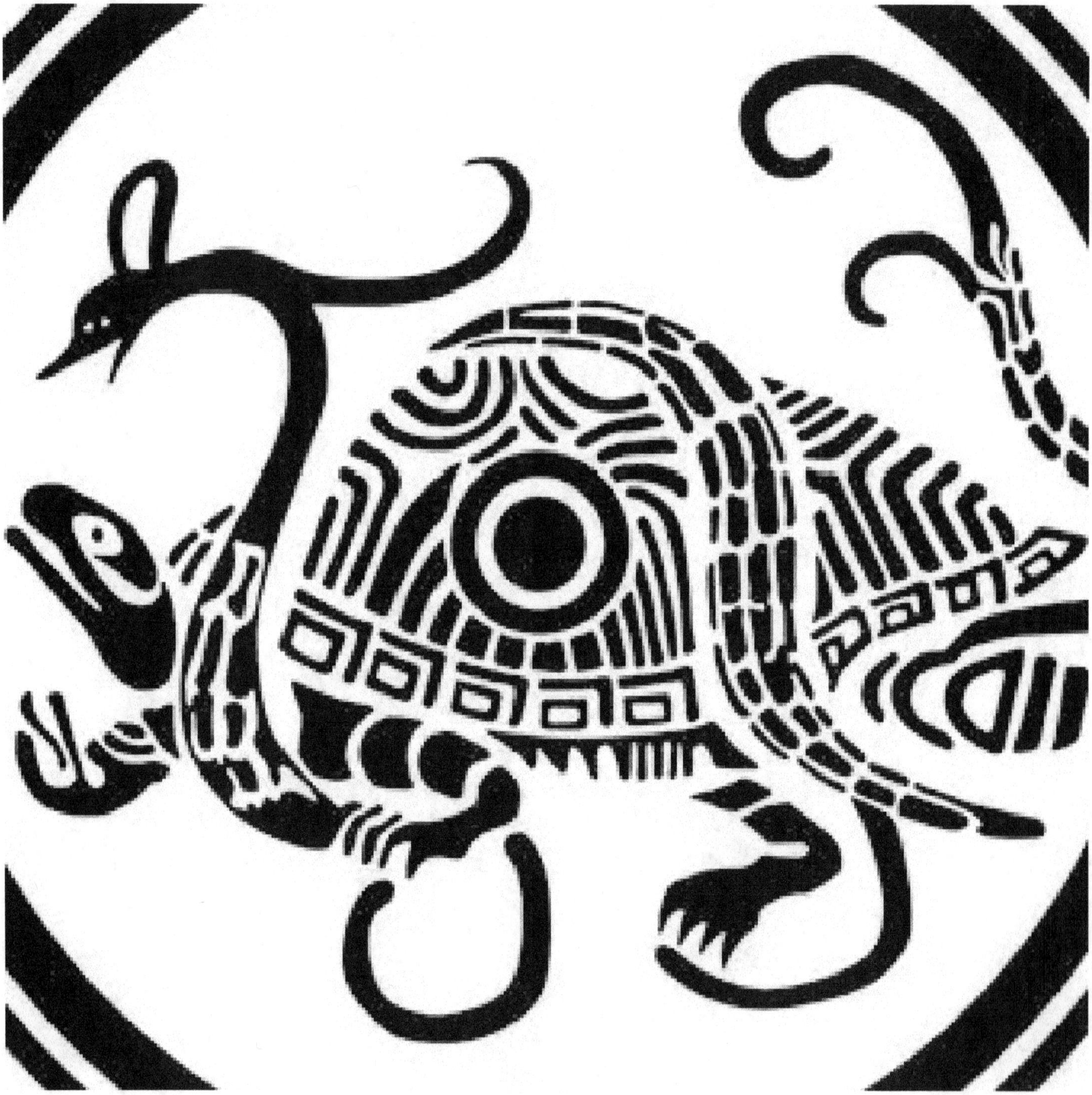

www.ingramcontent.com/pod-product-compliance
Lightning Source LLC
Chambersburg PA
CBHW080859220526
45467CB00008B/2558